Dirk Schmidt

RFID im Mobile Supply Chain Event Management

Dirk Schmidt

RFID im Mobile Supply Chain Event Management

Anwendungsszenarien, Verbreitung und Wirtschaftlichkeit

Bibliografische Information Der Deutschen Nationalbibliothekibliothek
Die Deutsche Nationalbibliothek verzeichnet diese Publikation in der
Deutschen Nationalbibliografie; detaillierte bibliografische Daten sind im Internet über
<http://dnb.d-nb.de> abrufbar.

1. Auflage August 2006

Alle Rechte vorbehalten
© Betriebswirtschaftlicher Verlag Dr. Th. Gabler | GWV Fachverlage GmbH, Wiesbaden 2006

Lektorat: Ulrike M. Vetter

Der Gabler Verlag ist ein Unternehmen von Springer Science+Business Media.
www.gabler.de

Das Werk einschließlich aller seiner Teile ist urheberrechtlich geschützt. Jede Verwertung außerhalb der engen Grenzen des Urheberrechtsgesetzes ist ohne Zustimmung des Verlags unzulässig und strafbar. Das gilt insbesondere für Vervielfältigungen, Übersetzungen, Mikroverfilmungen und die Einspeicherung und Verarbeitung in elektronischen Systemen.

Die Wiedergabe von Gebrauchsnamen, Handelsnamen, Warenbezeichnungen usw. in diesem Werk berechtigt auch ohne besondere Kennzeichnung nicht zu der Annahme, dass solche Namen im Sinne der Warenzeichen- und Markenschutz-Gesetzgebung als frei zu betrachten wären und daher von jedermann benutzt werden dürften.

Umschlaggestaltung: Nina Faber de.sign, Wiesbaden
Druck und buchbinderische Verarbeitung: Wilhelm & Adam, Heusenstamm
Gedruckt auf säurefreiem und chlorfrei gebleichtem Papier
Printed in Germany

ISBN-10 3-8349-0343-4
ISBN-13 978-3-8349-0343-3

Für meine Familie

Geleitwort

Der Einsatz der RFID-Technologie über Unternehmensgrenzen hinweg erfährt derzeit eine hohe Aufmerksamkeit in Wissenschaft und Praxis. Es mangelt jedoch noch an objektiven Einschätzungen über die realisierbaren Potenziale und betriebswirtschaftlichen Nutzeffekte dieser Technologie.

Seit vier Jahren wird verstärkt der Einsatz von RFID auf dem Gebiet des Supply Chain Event Management diskutiert. Ziel des Supply Chain Event Management (SCEM) ist es, Störereignisse in Wertschöpfungsnetzwerken (z. B. Ausfall eines Zulieferers, Produktionsausfall, Unfall, Stau auf Transportwegen oder Nachfrageschwankungen) schnell zu identifizieren und angemessen zu reagieren. SCEM umfasst hierbei die Überwachung, Erfassung, Bewertung und Behandlung von Störereignissen in Wertschöpfungsnetzwerken.

Mobile SCEM führt diesen Grundgedanken der schnellen Identifizierung und Behandlung von Störereignissen durch den Einsatz von Mobilfunk-Technologien wie z. B. Technologien zur Lokalisierung von Objekten oder zur automatischen Identifikation (Auto-ID) fort. Auto-ID-Technologien wie RFID bieten bspw. die Möglichkeit zur lückenlosen Echtzeiterfassung von Materialflüssen und Warenbewegungen (sog. Tracking & Tracing).

In dem vorliegenden Buch zeigt Dirk Schmidt Anwendungsszenarien der RFID-Technologie im Mobile Supply Chain Event Management auf und stellt anhand aktueller empirischer Studien die Verbreitung der RFID-Technologie in der Praxis dar. Fördernde und hemmende Faktoren zum Einsatz von RFID werden diskutiert. Anhand einer RFID-Anwendung bei Fujitsu Siemens Computers stellt Herr Schmidt zudem einen Ansatz zur Wirtschaftlichkeitsanalyse von RFID vor.

Dieses Buch wendet sich sowohl an den wissenschaftlich interessierten Leser als auch an Fach- und Führungskräfte, die für Geschäftsprozesse, IT-Einsatz und Strategien im Bereich Supply Chain (Event) Management verantwortlich sind.

Ich wünsche dem Buch, dass es von einer breiten Leserschaft in Wissenschaft und Praxis aufgenommen wird und konkrete Hilfestellung in Bezug auf den Einsatz der RFID-Technologie gibt.

Osnabrück, im Mai 2006   Jun.-Prof. Dr. Frank Teuteberg

Vorwort

RFID ist in aller Munde. Ganz gleich wo, in nahezu allen Wirtschaftssegmenten ist Radio Frequency Identification (RFID) ein stark diskutiertes Thema. Dabei ist RFID keine neue Technologie. Bereits seit 1940 nutzt das US-Militär RFID bzw. deren Vorgängertechnologien zur Nachschubüberwachung oder zur Freund-Feind-Erkennung. Durch die fortschreitende Miniaturisierung mikroelektronischer Komponenten und dem damit einhergehenden Preisverfall der RFID-Systeme wird den betriebswirtschaftlichen Potenzialen der Technologie jedoch zunehmende Bedeutung geschenkt. Durch die auftauchenden Möglichkeiten zur automatischen Identifikation und mobilen Datenspeicherung können der RFID-Technologie insbesondere im Rahmen des Mobile Supply Chain Event Management hohe Chancen zugesprochen werden. Ausgangspunkt und Voraussetzung für das Mobile Supply Chain Event Management ist die Verfügbarkeit von Echtzeitinformationen zum Materialfluss. An Transportbehältern oder sogar einzelnen Produkten angebrachte RFID-Transponder liefern Daten zu den Produkten und deren zeitlichen und räumlichen Bewegungen. Logistische Objekte können somit über die gesamte Wertschöpfungskette hinweg verfolgt werden.

Viele Unternehmen stehen derzeit jedoch noch vor der Herausforderung, konkrete Anwendungsszenarien der RFID-Technologie zu identifizieren und deren Wirtschaftlichkeit zu überprüfen. Vor diesem Hintergrund ist es das Ziel dieses Buches,

- Anwendungsszenarien der RFID-Technologie zu entwickeln und aufzuzeigen,
- die Verbreitung der RFID-Technologie anhand aktueller Studien darzustellen,
- fördernde und hemmende Faktoren von RFID zu diskutieren sowie
- einen Ansatz zur Wirtschaftlichkeitsanalyse von RFID-Projekten vorzustellen.

Danken möchte ich Herrn Jun.-Prof. Dr. Frank Teuteberg (Universität Osnabrück) und Herrn Helge König, die das Schreiben dieses Buchs ermöglicht und inhaltlich begleitet haben. Für die Möglichkeit, den Ansatz zur RFID-Wirtschaftlichkeitsanalyse anhand einer konkreten Problemstellung durchführen zu können, bedanke ich mich bei den Herren Walter König und Wolfgang Schneider von Fujitsu Siemens Computers. Herrn Jochen Wittmann von Fujitsu Siemens Computers danke ich für die Unterstützung und Zusammenarbeit bei der Wirtschaftlichkeitsanalyse. Den Herren Christian Rüggeberg und Dr. Dirk Pawlowski danke ich für ihre kompetente und engagierte Hilfe während des gesamten Schaffungsprozesses dieses Buchs.

Osnabrück, im Mai 2006   Dirk Schmidt

Inhaltsverzeichnis

Geleitwort 7

Vorwort 9

Teil I: Einordnung und Grundlagen

Einleitung 15

Mobile Supply Chain Event Management 18

Automatische Identifikation 28

SAP Auto-ID Infrastructure 42

Teil II: Anwendungsszenarien

Aggregation und RFID 53

Auswahl relevanter Prozesse 54

Beschaffen 60

Herstellen 64

Liefern 71

Zusammenfassung 75

Teil III: Verbreitung

Derzeitige Entwicklung 83

Fördernde Faktoren 88

Hemmende Faktoren 91

Zusammenfassung 97

Teil IV: Wirtschaftlichkeit

Einordnung 101

Vorliegende Wirtschaftlichkeitsuntersuchungen 102

Bewertungsvorschlag 105

Anwendungsbeispiel: Hightech-Unternehmen – Fujitsu Siemens Computers 123

Schlussbetrachtung 144

Anhang 147

Literaturverzeichnis 152

Der Autor 164

Abbildungsverzeichnis 165

Tabellenverzeichnis 167

Abkürzungsverzeichnis 169

Anmerkungen 172

Teil I

Einordnung und Grundlagen

Einleitung

1. Einführung in die Thematik

Branchenübergreifend lässt sich feststellen, dass Unternehmen einer veränderten Unternehmensumwelt ausgesetzt sind und auf diese mit der Vernetzung von Geschäftseinheiten, Prozessen und Informationssystemen reagieren. Abbildung 1 skizziert die in der Literatur unterschiedenen wirtschaftlichen und informationstechnischen Treiber der Vernetzung sowie die Aktionsmuster unternehmerischen Handelns.[1]

Die Gesamtheit der miteinander vernetzten und am Leistungserstellungsprozess beteiligten Unternehmen wird als Wertschöpfungskette oder auch Supply Chain (SC) bezeichnet.[2] Ihre Planung, Steuerung und Kontrolle stellen die zentralen Aufgaben des Supply Chain Managements (SCM) dar.[3]

Als typische Problembereiche des SCM werden Komplexität, Intransparenz und Dynamik der SC-Prozesse identifiziert.[4] Vor diesem Hintergrund wird dem Informationsfluss im SCM-Konzept eine hohe Bedeutung beigemessen.[5] „Nur ein durchgehender und unternehmensübergreifender Informationsfluss ermöglicht es, wichtige Informationen aus *komplexen* Prozessen herauszufiltern, die Informationsbarrieren, die zu *Intransparenz* führen, zu durchdringen und zeitnah im Sinne von *dynamisch* auf ein auftretendes Problem zu reagieren."[6] Lücken und Störungen im Informationsfluss haben schwerwiegende Auswirkungen auf die Leistung und Effizienz der SC. Ein in der Literatur oft zitiertes Beispiel ist der „Bullwhip-Effekt".[7] Er beschreibt wie ein mangelnder Informationsaustausch in Bezug auf Nachfrageschwankungen am Markt hohe Abweichungen und damit eine schlechte Planbarkeit der Produktions- und Logistiksysteme in den vorgelagerten Stufen verursachen kann.

Dem Mobile Supply Chain Event Management (MSCEM), als eine Verknüpfung aus Supply Chain Event Management (SCEM) und Mobile Supply Chain Management (MSCM), kann in diesem Zusammenhang eine entscheidende Bedeutung beigemessen werden.

Das SCEM beinhaltet das Erfassen, Überwachen und Bewerten von Ereignissen innerhalb sowie zwischen den Unternehmen der Wertschöpfungskette und vermag „partnerübergreifend den aktuellen Zustand der Supply Chain sichtbar zu machen und den Informationsfluss zwischen allen Partnern zu verbessern."[8] Grundlage bildet hier die lückenlose Echtzeiterfassung der Materialflüsse im Rahmen des Tracking & Tracing (T&T).[9]

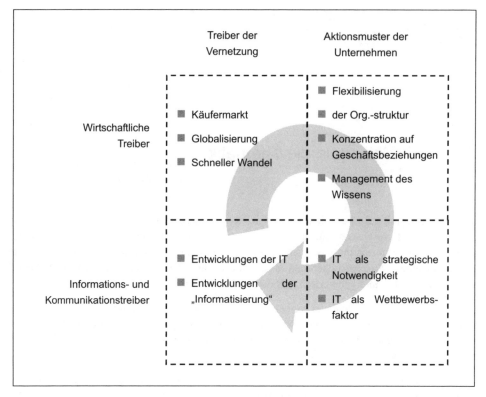

Abbildung 1: *Treiber und Aktionsmuster der Vernetzung*[10]

Durch den Einsatz von Mobile Computing Technologien unterstützt das MSCM das Sammeln von Informationen entlang der Wertschöpfungskette. Ferner können zuständige Organisationseinheiten via mobile Endgeräte Statusinformationen zu dem aktuellen Aufenthaltsort von Materialien oder Sendungen abfragen und zeitnah über Ereignisse informiert werden.[11]

Die Datenerfassung für das T&T kann über manuelle Prozessschnittstellen erfolgen, wie z. B. einer Dateneingabe über Tastatur oder dem Scannen von Barcodes. Aufgrund der langsamen und kostspieligen Datenübertragung und Fehleranfälligkeit der manuellen Datenerfassung, gewinnt in der wissenschaftlichen Literatur und Praxis die Datenerfassung über die Automatische Identifikation (Auto-ID) auf Basis der Radio Frequency Identification (RFID) immer mehr an Bedeutung.[12] An Transportbehältern oder sogar einzelnen Produkten angebrachte Funketiketten liefern Daten zu den Produkten und deren zeitlichen und räumlichen Bewegungen.[13] Fleisch und Christ sprechen in diesem Zusammenhang von einer Verwandlung der „Alltagsgegenstände von ‚dummen' Dingen in ‚smarte' Dinge."[14]

2. Vorgehensweise

Nach der Beschreibung des Mobile Supply Chain Event Managements und seiner Einordnung in das Supply Chain Management werden mit dem Barcode und der Optical Character Recognition zwei traditionelle und mit der Radio Frequency Identification ein neues Verfahren der Automatischen Identifikation physischer Güter beschrieben und miteinander verglichen. Anschließend wird die RFID-Middleware-Lösung SAP Auto-ID Infrastructure (AII) der SAP AG vorgestellt, die eine Brücke zwischen den *smarten Dingen* der physischen Welt und der digitalen Welt der Unternehmensanwendungen schlägt. Auf diesen Grundlagen des aufbauend (Teil I) werden mögliche Anwendungsszenarien der RFID-Technologie diskutiert (Teil II). Neben dem reinen Sammeln von Statusinformationen für das MSCEM vermag RFID zudem, die in den einzelnen Prozesselementen ablaufenden Aktivitäten zu unterstützen und/oder zu automatisieren und weitere Nutzenpotenziale zu erschließen – ein Umstand, dem in den Ausführungen ebenfalls Rechnung getragen wird. Dazu werden unter Zuhilfenahme des SCOR-Modells einzelne, vom Materialfluss betroffene Prozesselemente – von der Beschaffung über die Herstellung bis hin zur Distribution – vorgestellt und mögliche RFID-Anwendungen beschrieben. Im Anschluss wird unter Bezugnahme diverser Studien untersucht, wie weit die RFID-Technologie bislang in der Praxis verbreitet ist und welche hemmenden und fördernden Faktoren die Verbreitung beeinflussen (Teil III). Abschließend wird ein Vorschlag zur finanziellen Bewertung von RFID-Anwendungen vorgestellt und am Beispiel einer konkreten Anwendung bei der Fujitsu Siemens Computers GmbH angewandt (Teil IV).

Mobile Supply Chain Event Management

1. Supply Chain Management

1.1 Definition und Einordnung

Als Supply Chain (SC) wird im engeren Sinne eine unternehmensübergreifende Wertschöpfungs- und Versorgungskette bezeichnet, in der rechtlich und wirtschaftlich unabhängige Unternehmen gemeinsam am Prozess der Leistungserbringung beteiligt sind:[15] „A supply chain is two or more parties linked by a flow of goods, information and funds."[16] Im Gegensatz zu dem Begriff *Kette* stellt sich die SC in der Praxis als ein Netzwerk von Organisationen dar, das alle an der Leistungserstellung beteiligten Unternehmen von der *source of supply* bis zum *point of consumption* einschließt (vgl. Abbildung 2).[17] Dabei beschränkt sich die SC nicht nur auf die Interaktion mit den Lieferanten, sondern schließt ebenfalls die erforderlichen Koordinationsaufgaben mit dem Kunden ein. Eine begriffliche Differenzierung in Supply Chain (Interaktion mit Lieferanten) und Demand Chain (Interaktion mit Kunden) hat sich jedoch nicht durchgesetzt, sodass hier SC als Oberbegriff für beide Interaktionsformen verwendet wird.[18]

Zum Supply Chain Management (SCM) – als Management der Wertschöpfungskette – existiert eine Vielzahl unterschiedlicher Definitionen.[19] Ein Grund für diese Uneinheitlichkeit kann darin gesehen werden, dass der Ansatz des SCM nicht in der betriebswirtschaftlichen Theorie, sondern in der unternehmerischen Praxis entstanden ist.[20] Sowohl Göpfert[21] als auch Seuring und Schneidewind[22] reduzieren die zahlreichen Definitionsvorschläge auf zwei Typen von Definitionen:

- Definitionen mit direkter Bezugnahme auf die betriebswirtschaftliche Logistik und
- Definitionen, die SCM als interorganisationales Management von Geschäftsprozessen bzw. als Kooperationsmanagement interpretieren.

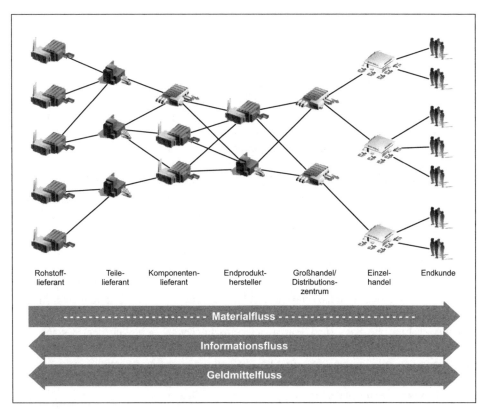

Abbildung 2: Beispiel einer Supply Chain[23]

Wie bereits in obiger Definition zur SC ausgeführt, bildet der Material-, Informations- und Geldmittelfluss das verbindende Element in der Wertschöpfungskette. Da diese Objektflüsse traditionell in den Objektbereich der Logistik gehören, wird im Folgenden SCM gemäß dem erstgenannten Definitionstyp verstanden.[24] Demnach kann man unter SCM „die Planung, Steuerung und Kontrolle des gesamten Material- und Dienstleistungsflusses, einschließlich der damit verbundenen Informations- und Geldflüsse, innerhalb eines Netzwerkes von Unternehmungen und deren Bereiche verstehen, die im Rahmen von aufeinander folgenden Stufen der Wertschöpfungskette an der Entwicklung, Erstellung und Verwertung von Sachgütern und/oder Dienstleistungen partnerschaftlich zusammenarbeiten, um Effektivitäts- und Effizienzsteigerungen zu erreichen."[25]

1.2 Ziele und Aufgaben

Ausgangspunkt des SCM bildet die konsequente Kundenorientierung mit dem Bestreben nach bestmöglicher Erfüllung der Anforderungen und Wünsche des Endkunden.[26] Dabei stehen nicht einzelne Unternehmen, sondern ganze Supply Chains im Wettbewerb zueinander[27], da der Endkunde nicht die Leistung der einzelnen in der SC agierenden Unternehmen, sondern das Resultat aller in der SC vollzogenen Wertschöpfungsprozesse bewertet.[28] Die im Rahmen des SCM verfolgten Ziele beziehen sich demnach nicht auf die individuellen Ziele der einzelnen Unternehmen, sondern auf gemeinsam formulierte Ziele aller SC-Mitglieder.[29] Diese sind aus strategischer Sicht auf das Schaffen und Erhalten wettbewerbsfähiger Supply Chains und aus operativer Sicht auf die Sicherstellung effizienter Wertschöpfungsprozesse ausgerichtet.[30]

Nach Sucky lassen sich analog zum Zielsystem eines einzelnen Unternehmens auch im Zielsystem einer SC Sach- und Formalziele unterscheiden. Zu den Sachzielen lassen sich unter anderem die Erhöhung von Lieferservice bzw. Serviceniveau, Sicherung bedarfsgerechter Ressourcenverfügbarkeit entlang der Wertschöpfungskette sowie die Erfüllung angestrebter Qualitätsniveaus zählen. Den Formalzielen lassen sich hingegen Kosten- und Gewinnziele zuordnen.[31] Eine die Sach- und Formalziele einschließende Definition der SC-Ziele formuliert Christopher: „the goal [of supply chain management] is to link the marketplace, the distribution network, the manufacturing process and the procurement activity in such a way that customers are serviced at higher level yet at lower costs. In other words to achieve the goal of competitive advantage through both cost reduction and service enhancement."[32]

Das Konzept des SCM beinhaltet zur Erreichung der Ziele sowohl gestalterische als auch planerische und steuernde Aufgaben, die unter folgenden Oberbegriffen zusammengefasst werden: Supply Chain Configuration (SCC), Supply Chain Planning (SCP) und Supply Chain Execution (SCE).[33]

In der *SCC* werden strategische, langfristig bindende Entscheidungen getroffen. Sie betreffen die Modellierung der Wertschöpfungskette in Bezug auf die am Produktionsprozess beteiligten Ressourcen, mit ihren jeweiligen Kapazitäts- und Kostendaten. Auf der taktischen Ebene des *SCP* werden für die in der SCC modellierten Supply Chain mittel- bis langfristige Leistungsprogramme generiert. Zentrale Aufgabe der Leistungsprogrammplanung ist die Bestimmung synchronisierter Produktions-, Lager- und Transportpläne unter Berücksichtigung aller relevanten Einschränkungen hinsichtlich der kapazitäts- und terminbedingten Interdependenzen. Die kurzfristige Anpassung und Realisierung der durch das SCP festgelegten Leistungsprogramme unter Berücksichtigung aktueller Nachfrageentwicklung, Lagerbeständen sowie Unsicherheiten stellt die Aufgabe der *SCE* dar.[34] Abbildung 3 stellt die verschiedenen Aufgabenbereiche in einer Übersicht gegenüber.

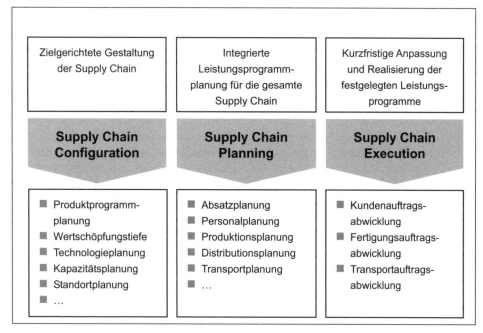

Abbildung 3: SCM-Aufgaben[35]

2. Supply Chain Event Management

2.1 Definition und Einordnung

Die Verknüpfung von SCP und SCE hat einen entscheidenden Einfluss auf den Erfolg einer Supply Chain. Die Komplexität, Intransparenz und Dynamik der SC-Prozesse erfordern die Fähigkeit der einzelnen SC-Mitglieder, auf unerwartet auftretende Umweltveränderungen kurzfristig reagieren zu können.[36] Daher ist es nicht ausreichend, ein einziges Mal erstellte und optimierte, mittel- bis langfristige Leistungsprogramme von dem SCP an die SCE weiterzugeben. Es werden zwar von verschiedenen Softwarehäusern Planungssysteme (wie z. B. Advanced Planning Systems, APS) angeboten, die dank ihres technologischen Entwicklungsstandes komplexe Planungsprobleme immer genauer abbilden und Planaktualisierungen in immer kürzeren Zeitabständen anstoßen können. Diese jedoch werden dem Anspruch an eine effektive und zeitnahe Steuerung nur begrenzt gerecht.[37] Um das Auftreten von Planabweichungen, etwa in Form von Lieferverzögerungen oder Maschinenausfällen, antizipieren zu können, berücksichtigen die Leistungsprogramme Material- und Zeitpuffer, was eine Vergeudung von Ressourcen bewirkt.[38] Bei Verzicht auf diese Puffer besteht allerdings die Gefahr, eine Kettenreaktion „auszulösen, die das geplante Geflecht von Beschaffungs-, Produktions- und Transportprozessen empfindlich stört."[39]

Das Supply Chain Event Management SCEM ist ein „kurzfristiges Planungs- und Steuerungskonzept"[40], das die Lücke zwischen Planung und Ausführung, also zwischen SCP und SCE, zu schließen vermag.[41] Nissen definiert Supply Chain Event Management als eine „Anwendung, mit der Ereignisse innerhalb eines Unternehmens und zwischen Unternehmen erfasst, überwacht und bewertet werden."[42] Es ermöglicht das frühzeitige Identifizieren und Antizipieren von Planabweichungen, indem mit Unterstützung von Informations- und Softwaresystemen die Aufwände der Informationsbeschaffungen reduziert und die Qualität und Aktualität der Daten erhöht werden.[43]

Als „'Datenlieferant' und damit als Enabler"[44] des SCEM eignet sich das Tracking & Tracing (T&T). Unter *Tracking* wird das Verfolgen eines logistischen Objektes auf seinem Transportweg bzw. das Feststellen des aktuellen Objektstatus verstanden. Durch *Tracing* lassen sich Aktivitäts- und Prozessfolgen in ihrer Historie erfassen und nachvollziehen, die ein logistisches Objekt durchlaufen hat. Tracking ist damit zeitpunktorientiert, während das Tracing die zeitraumorientierte Teilfunktion des T&T darstellt.[45]

In diesem Zusammenhang kann ein logistisches Objekt beispielsweise ein ganzer LKW, die auf dem LKW geladene Palette oder aber auch das einzelne auf der Palette befindliche Packstück sein.[46]

Die Statusmeldung stellt den zentralen Baustein des T&T dar, beschreibt den räumlichen, sachlichen und zeitlichen Zustand eines logistischen Objekts und bildet „die Grundlage für das Reporting kritischer Ereignisse, der so genannten Events".[47] Logistische Prozesse lassen sich durch eine unendliche Anzahl von Statusmeldungen beschreiben. Doch nicht jeder Status ist gleich ein Event, auf das die SC-Partner mit Handlungen reagieren müssen. Als Event wird die Abweichung zwischen einem zuvor definierten Planwert und dem tatsächlichen Ist-Zustand (Status) bezeichnet, die für den weiteren Verlauf der Leistungserstellung als wesentlich bewertet wird.[48] Events können sowohl positiver Natur sein, wie etwa vorzeitige Warenfertigstellung oder -lieferung, als auch negativer, wie beispielsweise Maschinenstopps oder Lieferverzögerungen.[49] Bretzke und Klett liefern ein weiter gefasstes Verständnis zum Event-Begriff, indem sie auch jene Statusänderung als Event bezeichnen, die zwar keine Planabweichung darstellt und somit auch keine korrigierende Handlung bedingt, jedoch wesentlich zur Beseitigung von Unsicherheiten beiträgt, indem ein erwarteter Zustand bestätigt wird.[50]

2.2 Konzeptionelle Bestandteile und Grundfunktionen

Das SCEM lässt sich in drei konzeptionelle Bestandteile untergliedern (Informationserhebung, Informationsanalyse und -bewertung sowie Aufbereitung und Auswertung), die der Erfüllung der fünf SCEM-Grundfunktionen dienen. Unterstützt werden die drei Bestandteile durch die technischen Komponenten Tracking & Tracing, Decision Support und eine Front-End-Lösung (vgl. Abbildung 4).[51]

Die *Informationserhebung* beschreibt den Prozess der Informationsbereitstellung für das Supply Chain Management. Unterstützt durch Informationssysteme, wie beispielsweise T&T-Systeme, dient sie der ersten Grundfunktion *Überwachen* (Monitor). Im Rahmen der Überwachen-Funktion werden zuvor entwickelte und definierte Plandaten bzw. Soll-Zustände, wie zum Beispiel Bestandsgrößen, Anlieferungszeitfenster und Temperaturtoleranzen für Kühlgut, mit den erfassten Ist-Zuständen abgeglichen und bewertet.[52]

Die Funktionen *Melden* (Notify), *Simulieren* (Simulate) und *Steuern* (Control) lassen sich dem zweiten konzeptionellen Bestandteil, der *Informationsanalyse und -bewertung*, zuordnen. Wird beim Überwachen ein Event registriert, übernimmt die Funktion *Melden* die proaktive Benachrichtigung der Prozessverantwortlichen, zum Beispiel über E-Mail, SMS oder Fax. Alternativ können auch vordefinierte Prozesse angestoßen oder nachgelagerte Informationssysteme aktiviert werden. Durch die Funktion *Simulieren* werden auf Basis hinterlegter Planungsdaten potenzielle Folgewirkungen des Events simuliert und Handlungsalternativen berechnet, die zur Entscheidungsunterstützung angeboten werden. Nach der Wahl einer Handlungsalternative stellt die *Steuern*-Funktion die Ausführung des neuen Prozessablaufs durch die Anpassung verschiedener Parameter sicher. Unterstützt wird die Informationsanalyse und -bewertung durch ein so genanntes Decision-Support-System, das auf Grundlage einer hinterlegten Wissensbasis mit vordefinierten Regeln auf Events reagiert.[53]

Der dritte Bestandteil, die *Aufbereitung und Auswertung*, übernimmt die Funktion *Messen*. Die Hauptaufgabe besteht in der Erhebung und Aufbereitung der Daten, um langfristige Trends zu erkennen und Verbesserungspotenziale aufzudecken. Darüber hinaus beinhaltet dieser konzeptionelle Bestandteil die manuelle Überwachung und die Prozessbeschreibung. Aus technischer Sicht stellt diese Komponente das Front-End dar, über das die Anwender und die T&T- bzw. Decision-Support-Komponente interagieren.[54]

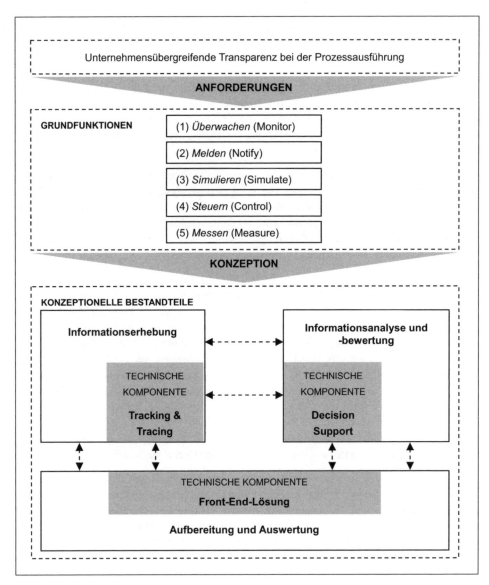

Abbildung 4: *Grundfunktionen und konzeptionelle Bestandteile des SCEM*[55]

3. Mobile Supply Chain Management

3.1 Definition und Einordnung

Das Mobile Supply Chain Management (MSCM) stellt die Erweiterung des SCM-Konzepts durch Technologien des Mobile Computings dar.[56] „Unter Mobile Computing wird [...] die Gesamtheit aller Aktivitäten, Prozesse und Anwendungen in Unternehmen verstanden, welche mit mobilen Technologien durchgeführt oder unterstützt werden."[57] Der Einsatz der Mobile-Computing-Technologien ermöglicht es, zu jeder Zeit an jedem beliebigen Ort, einerseits auf Ressourcen und Dienste zuzugreifen und andererseits für Dienste und Anwender erreichbar zu sein.[58] Diese Technologien umfassen die Kommunikationstechnologie, die mobilen Endgeräte und die verfügbaren mobilen Dienste und Protokolle.

Im Bereich der mobilen *Kommunikationstechnologien* werden im Wesentlichen Wireless-WAN-Technologien (Drahtloses Wide Area Network) und Wireless-LAN-Technologien (Drahtloses Local Area Network) unterschieden.

Bei erstgenannter Technologie kann überall im Empfangsgebiet eine Kommunikationsverbindung zu den Backend-Systemen aufgebaut werden. Hier ist eine dynamische Entwicklung zu beobachten, die weltweit eine Vielzahl von Übertragungsstandards hervorgebracht hat.[59] Es werden drei verschiedene Generationen unterschieden, die in Tabelle 1 gegenübergestellt werden.

Generation	Technolgie	Übertragungsgeschwindigkeit
Erste Generation	Analoge Sprachübertragung	–
Zweite Generation	GSM (Global System for Mobile Communications)	9,6 – 14,4 Kbit/s
	HSCSD (High Speed Circuit Switched Data)	~ 110 Kbit/s
	GPRS (General Packet Radio Service)	~ 170 Kbit/s
	EDGE (Enhanced Data Rates for GSM Evolution)	~ 384 Kbit/s
Dritte Generation	UMTS (Universal Mobile Telecommunications System)	~ 2 Mbit/s

Tabelle 1: *Generationen mobiler Netze*[60]

Wireless-LAN-Technologien, wie z. B. IEEE 802.11 oder Bluetooth, ermöglichen eine Kommunikationsverbindung mit hohen Übertragungsraten in einem örtlich eingeschränkten Gebiet. Beispielsweise kommen seit Jahren sowohl optische Links als auch Funkverbindungen im Bereich der lokalen Netzwerke (Local Area Network = LAN) zum Einsatz, deren Reichweite sich von 1 m bis 20 km erstrecken kann und die eine Übertragungsrate von bis zu 56 Mbit/s bieten.[61]

Bei den *mobilen Endgeräten* existiert ein weites Spektrum, das von den verschiedenen Arten von Mobiltelefonen (z. B. Smart Phones und WAP-fähige Mobiltelefone) über Handhelds, Handscannern, PDAs und Notebooks bis hin zu GPS-Geräten (GPS = Global Positioning System) reicht. Das mobile Endgerät stellt einerseits die technischen Erfordernisse für die Kommunikation mit dem Informationssystem bereit, andererseits bildet es die Schnittstelle zum Benutzer.[62]

Zur drahtlosen Datenübertragung mit mobilen Endgeräten stehen verschiedene *mobile Dienste und Protokolle* (SMS, MMS, SMTP, HTTP, WAP etc.) zur Verfügung. SMS (Short Message Service) ermöglicht das Versenden von Text- und Bildnachrichten via Mobiltelefon. Eine Erweiterung des SMS stellt MMS (Multimedia Message Service) dar, das das Versenden von Video- und Sprachbotschaften erlaubt. WAP (Wireless Application Protocol) ist ein offener, internationaler Standard für den Internetzugang über mobile Endgeräte. Alternativen zum WAP bilden das im World Wide Web verwendete HTTP (Hyper Text Transfer Protocol) und das SMTP (Simple Mail Transfer Protocol) zum Versenden von E-Mails zwischen Servern.[63]

3.2 Anwendungsgebiete im SCEM

In vielen SCM-Bereichen verbessern Mobile-Computing-Technologien die Kommunikation und Transparenz entlang der Logistikkette und erleichtern die Zusammenarbeit der beteiligten SC-Partner. Für das SCEM lassen sich insbesondere Anwendungen bei der Datenerfassung und der Informationsbereitstellung identifizieren, sprich in den SCEM-Grundfunktionen *Überwachen* und *Melden*.[64]

Bei der *mobilen Datenerfassung* kommen im Bereich der Lagerlogistik insbesondere tragbare Handgeräte oder an Gabelstaplern fest montierte Geräte zum Einsatz, die Daten in Echtzeit direkt vom Backend-System empfangen und Ergebnisdaten zurückliefern. Relevante Lagerprozesse vom Wareneingang (z. B. Warenannahme, Warenkontrolle, Wareneinlagerung) über die lagerinternen Bewegungen (z. B. Nachschub, Umlagerung) bis hin zum Warenausgang (z. B. Kommissionierung, Verpacken, Verladen) können via mobile Endgeräte unterstützt werden. Hier können die Informationen zum logistischen Objekt oder dem Einlagerungsort beispielsweise über Barcodeetiketten oder RFID-Transponder ausgelesen und zur Identifikation, Verifikation und Statusverfolgung genutzt werden.[65] In der Produktion können mobile Lesegeräte eingesetzt werden, um prozess- und produktbeschreibende Daten zu erfassen und somit den Produktionsstatus abzubilden.[66] Beim Transport ermöglichen mobile Technologien wie GPS oder GMS die Verfolgung und Lokalisierung der logistischen Objekte bzw. des jeweiligen Transportmediums (LKW, Schiff, etc.). Schadensmeldungen bezüglich der Ware oder Lieferverzögerungen durch Stau, Pannen etc. können vom Fahrer direkt per Mobilfunk an das Backend-System kommuniziert werden. Über angeschlossene bzw. in RFID-Transponder integrierte Sensoren ist es möglich, weitere Informationen zum logistischen Objekt (z. B. Temperatur) zu erfassen und mittels Mobilfunk zu übertragen.[67]

Ein weiteres Anwendungsgebiet liegt in der *mobilen Informationsbereitstellung*. Mit mobilen Endgeräten ausgestattete Prozessverantwortliche und Entscheidungsträger in der Supply Chain können ortsunabhängig und zeitnah über Events informiert werden, sodass diese gleich reagieren können, indem sie über mobile Endgeräte Gegenmaßnahmen initiieren. Erfasst beispielsweise das SCEM-System eine Lieferverzögerung, kann es automatisch mögliche Gegenmaßnahmen – etwa eine erneute Bestellung, die mit einem schnelleren Transportmedium versendet werden kann – sowie die Auswirkungen an anderen Supply-Chain-Stellen ermitteln und diese z. B. über SMS an den Transportplaner kommunizieren. Jener kann dann mittels Mobiltelefon Prozesse zur Gegensteuerung oder Neuterminierung anstoßen. Über die vom System ausgelöste Informationsbereitstellung hinaus, können die beteiligten Supply-Chain-Akteure Daten zu aktuellen Prozessabläufen und zum Prozessstatus abrufen.[68]

Automatische Identifikation

1. Definition und Einordnung

Ausgangspunkt und Voraussetzung für das MSCEM bildet die eindeutige Identifikation der betrachteten logistischen Objekte sowie die lückenlose Erfassung der zugehörigen Daten, ergo die Abbildung der Informationen zum jeweiligen logistischen Objekt der realen Welt in der virtuellen Welt in Echtzeit.[69] Die Datenerfassung für das MSCEM kann manuell oder automatisch erfolgen.[70]

Bei der manuellen Datenerfassung werden die Statusinformationen zu den logistischen Objekten von Mitarbeitern z. B. via Tastatur in das Informationssystem eingepflegt. Diese Form der Datenerfassung weist jedoch entscheidende Nachteile auf:

- Statusmeldungen erreichen erst zeitlich verzögert das Informationssystem, sodass sich die Zeitspanne verkleinert, in der auf Probleme mit gegensteuernden Maßnahmen reagiert werden kann.

- Mit der Intensität der manuellen Prozesse bei der Datenerfassung steigen die Fehleranfälligkeit und die Kosten der Fehlerbehebung sowie die Lohn- bzw. Lohnnebenkosten.[71]

Vor diesem Hintergrund spielt „die Automatisierung der Schnittstelle zwischen der physischen und der virtuellen Welt […] eine Schlüsselrolle".[72] Zum Einsatz kommen hier Verfahren und Technologien, die sich unter dem Begriff *Automatische Identifikation* (Auto-ID) zusammenfassen lassen.[73]

„Aufgabe der automatischen Identifikation ist es, Informationen zu Personen, Tieren, Gütern oder Waren klar definiert und strukturiert so bereitzustellen, dass diese Daten maschinell erfasst und weiter verarbeitet werden können."[74] Die technologische Identifikation der logistischen Objekte ermöglicht die Automatisierung der Schnittstelle zwischen Materialfluss und Informationsfluss logistischer Systeme. Dabei stellt die Maschinenlesbarkeit der auf dem logistischen Objekt angebrachten Informationen eine wichtige Voraussetzung dar. Diese sind auf einem lesbaren und eventuell auch wiederbeschreibbaren Speichermedium hinterlegt.[75] Die automatische Identifikation erfolgt in zwei Schritten: Das Identifikationsmerkmal eines Objektes (z. B. das Bild eines Barcodes) wird zunächst aufgenommen und anschließend mittels Computeranalyse interpretiert (z. B. die Rückgewinnung der codierten Informationen).[76]

Von den verschiedenen Auto-ID-Technologien[77] werden zur Unterstützung logistischer Prozesse insbesondere Optical Character Recognition (OCR), Barcode-Systeme und Radio Frequency Identification (RFID) eingesetzt.[78] Vor allem der RFID wird die Fähigkeit zugesprochen, Funktionalitäten und Einsatzmöglichkeiten traditioneller Erfassungstechnologien zu erweitern und hohe Effizienzsteigerungspotenziale zu bieten.[79] Nachfolgend werden daher die OCR (3.2) und der Barcode (3.3) im Allgemeinen und die RFID (3.4) im Besonderen dargestellt. Anschließend werden die drei Technologien vergleichend gegenübergestellt.

2. Optical Character Recognition

Optical Character Recognition (OCR) ist eine in den 60er Jahren entwickelte Technologie zur automatischen Erfassung von Klarschriften mittels optischen Erfassungsgeräten. Die durch spezielle Kameras aufgenommenen Zeichen (alphanumerische Daten) und Ziffern (numerische Daten) werden von einer Software interpretiert. Dafür wurden zunächst spezielle Schrifttypen entwickelt, die sowohl für Menschen lesbar sind als auch von Maschinen automatisch identifiziert werden können.[80] Heute erkennt OCR die Merkmale der meisten Standardschriftarten und sogar Handschriftarten.[81]

Der wichtigste Vorteil der OCR-Systeme ist die Möglichkeit, Daten bei einem Systemausfall oder zur Kontrolle auch visuell erfassen zu können. Negativ hervorzuheben ist der relativ geringe Zeichenvorrat, die hohe Verschmutzungsanfälligkeit, hohe Preise und komplizierte Lesegeräte.[82]

Zu den Haupteinsatzgebieten für OCR zählen Produktion, Dienstleistungs- und Verwaltungsbereiche sowie Banken.[83] Beispielsweise wird die Technik im Finanzbereich zur Scheckregistrierung und bei Postdienstleistern zur automatischen Briefsortierung verwendet.[84]

3. Barcode

Der Barcode ist die maschinenlesbare Repräsentation von Informationen, die durch eine Abfolge unterschiedlich breiter, parallel angeordneter, Balken und Lücken kodiert sind.[85] Objekte können entweder mit papierenen Barcodeetiketten versehen oder gleich mit dem Code bedruckt werden.[86] Durch entsprechende stationäre oder mobile Erfassungsgeräte bzw.

Scanner werden die Daten eingelesen und „anhand der im System hinterlegten Barcode-Symbolik wieder in (alpha-)numerische Daten umgewandelt."[87]

Der in den verschiedenen Anwendungsbereichen entstandene Bedarf an einer erhöhten Informationsdichte bei verkleinerter Masse der Barcodes hat zu einer Weiterentwicklung des ursprünglichen linearen Codes geführt. Grundsätzlich können Barcodes in Zweibreitencodes, Mehrbreitencodes und 2-dimensionale Codes unterschieden werden. Zweibreitencodes bestehen aus Elementen mit zwei verschiedenen Breiten und sind besonders einfach in der Herstellung. Dahingegen bestehen die Strichcodes der Mehrbreitencodes aus Elementen mit mehr als zwei Breiten. Die Verschlüsselung der Informationen ist zwar aufwendiger als bei den Zweibreitencodes, doch bieten diese Codes im Allgemeinen eine höhere Informationsdichte.[88] Zu den 2-dimensionalen Codes zählen der Stapelcode und der Matrixcode. Bei dem Stapelcode wird relativ Platz sparend eine sehr hohe Informationsdichte erreicht, indem mehrere Barcodes zeilenweise übereinander dargestellt werden. Der Matrixcode erreicht eine noch höhere Informationsdichte, indem als Grundelement das Quadrat anstatt eines vertikalen Balkens genutzt wird. Diese Formen der Komprimierung wirken sich allerdings negativ auf die Erfassungsleistung aus und bedingen bei den 2-dimensionalen Codes den Einsatz einer kostenintensiven Kameratechnik.[89]

Den verschiedenen Barcodetypen lassen sich laut Jesse und Rosenbaum ca. 200 verschiedene Barcodes zuordnen.[90] Insbesondere vor dem Hintergrund des unternehmensübergreifenden Einsatzes der Identifikationstechnologien kommt bei einer so hohen Anzahl von Barcodes der Standardisierung eine hohe Bedeutung zu. Im Barcodebereich wurden eine Reihe von Anwendungsstandards entwickelt, die sowohl die Datenstruktur der codierten Daten, die verwendete Barcode-Symbolik als auch technische und administrative Aspekte vereinheitlichen (vgl. Tabelle 35 im Anhang).[91]

Zu den weitverbreitetsten und bekanntesten Standards zählen der EAN- und UCC-Standard. Der EAN wurde 1976 für die speziellen Belange des Lebensmittelhandels entwickelt, stellt eine Weiterentwicklung des 1973 eingeführten US-amerikanischen Universal Product Codes (heute UCC) dar und ist mit diesem kompatibel.[92]

Der EAN-Standard ist in verschiedenen Barcode-Symbologien umgesetzt worden. Zu den am weitesten verbreiteten zählen EAN-8, EAN-13 und EAN-128.[93] EAN-8 und EAN-13 werden zur Kennzeichnung beinahe aller Güter des täglichen Bedarfs verwendet. Der EAN-8 kommt überall dort zum Einsatz, wo für den EAN-13 zu wenig Platz zur Verfügung steht.[94]

Von besonderer Bedeutung für das Tracking & Tracing und damit für das Mobile Supply Chain Event Management ist der EAN-128. Hierbei handelt es sich um „ein verwechslungsfrei gestaltetes Subset des alphanumerischen Codes 128, in dem Datenelemente von logistischem Interesse [...] verschlüsselt werden können."[95] Jedes Datenelement setzt sich aus einer 2- bis 4-stelligen Kennzahl (Application Identifier, AI) und einem nachfolgenden Datenfeld zusammen, dessen Länge und Charakteristik durch den AI vordefiniert werden.[96] Nachfolgende Tabelle 2 beinhaltet die meist genutzten AIs.

AI	Datenfeld
00	SSCC (Nummer der Versandeinheit)
01	GTIN (Identifikation einer Handelseinheit)
02	GTIN (Identifikation von Handelseinheiten in einer Transporteinheit)
10	Los-/Chargennummer
11	Herstellungsdatum (JJMMTT)
15	Mindesthaltbarkeitsdatum (JJMMTT)
17	Verfallsdatum (JJMMTT)
21	Seriennummer
240	Zusätzliche Produktidentifikation des Herstellers
3102	Nettogewicht in kg
37	Anzahl der Transporteinheit enthaltenen Einheiten
400	Bestell- / Auftragsnummer des Warenempfängers
410	Global Location Number (GLN) des Warenempfängers
413	Global Location Number des Endempfängers

Tabelle 2: *Verzeichnis der meistgenutzten Application Identifiers (AIs)*[97]

Für das T&T ist insbesondere der Serial Shipping Container Code (SSCC) – im deutschsprachigen Raum auch Nummer der Versandeinheit (NVE) genannt – von Relevanz. Die NVE wird für jede Versandeinheit (z. B. Paket, Palette, Container) vom Versender neu generiert und dient entlang der Supply Chain den betroffenen SC-Partnern zur eindeutigen Identifikation der Versandeinheit. „Damit unterscheidet sie sich von anderen EAN-Nummern, die gleiche Artikel mittels nur einer Nummer identifizieren."[98]

4. Radio Frequency Identification

4.1 Einordnung

Neue Möglichkeiten zur automatischen Identifikation und zur mobilen Speicherung von Daten stellt die Radio Frequency Identification (RFID) bereit.[99] Ihr wird das Potenzial zugesprochen, in Zukunft traditionelle Erfassungstechnologien der Logistik wie z. B. den Barcode zu ergänzen oder gar zu ersetzen.[100] RFID bezeichnet ein induktives oder elektromagnetisches Verfahren um Daten berührungslos auf einem RFID-Transponder zu speichern oder von diesem zu laden.[101] Da hier die Datenübertragung mittels Funktechnologien erfolgt, wird die RFID in der Literatur oft ebenfalls den bereits im Rahmen des Mobile Supply Chain Management vorgestellten Mobile-Computing-Technologien zugeordnet.[102] In Anlehnung an die Ausführungen des Bundesamtes für Sicherheit in der Informationstechnik[103] sowie verschiedenen Ausarbeitungen der Autoren Mattern[104], Fleisch und Christ[105] soll in dieser Ausarbeitung RFID als Anwendung des Ubiquitous Computing verstanden werden. Ubiquitous Computing ist eine um 1991 von Mark Weiser am Xerox PARC Lab begründetet Disziplin, die besagt, „dass die immer kleiner und billiger werdenden Computer Bestandteil nahezu jedes Alltagsgegenstandes wie Konsumgüter, Halbfertigprodukte, Rohmaterialien oder Produktionsmaschinen werden (können). Damit verwandeln sich Alltagsgegenstände von ‚dummen' Dingen in ‚smarte' Dinge."[106] Mobile Computing wiederum kann als Teildisziplin des Ubiquitous Computing gesehen werden.[107]

4.2 Komponenten des RFID-Systems

Ein RFID-System besteht aus drei Komponenten: RFID-Transponder, RFID-Lesegerät und Computer.[108]

Der *RFID-Transponder* – auch RFID-Tag genannt – fungiert als eigentlicher Datenträger des RFID-Systems und wird an ein Objekt (z. B. Produkt oder Verpackung) angebracht bzw. in ein Objekt integriert. Üblicherweise besteht der Transponder aus einem Koppelelement, meist eine Spule, die als Antenne dient, und einem elektronischen Mikrochip, auf dem eine Identifikationsnummer und weitere Daten über den Transponder bzw. über das mit dem Transponder verbundene Objekt gespeichert werden.[109] Es existiert eine große Vielzahl unterschiedlicher Bauformen von RFID-Transpondern, die zum einen von der verwendeten Technologie und zum anderen von ihrem Einsatzgebiet abhängen. Eine weite Verbreitung finden so genannte *Smart Labels*, bei denen die Transponderspule und der Mikrochip auf einer Plastikfolie aufgebracht sind. In anderen Bauformen ist der Transponder mit Plastik-, Glas- oder Metallgehäusen ummantelt. Dies macht den Transponder unempfindlich gegenüber widrigen Umweltbedingungen wie etwa Schmutz, Säuren, hohe Temperaturen etc.[110]

Das *RFID-Lesegerät* setzt sich aus einer Schreib-/Leseeinheit und einer Antenne zusammen und kommuniziert mittels Radiowellen über eine Luftschnittstelle mit den Transpondern, die sich in der Erfassungsreichweite befinden. Somit können sowohl Daten vom Transponder gelesen als auch auf den Transponder geschrieben werden. Über eine serielle Schnittstelle (RS 232, RS 485 etc.) oder einer Netzwerkanbindung ist das Lesegerät mit dem *Computer* verbunden.[111] Die Schreib- und Leseoperationen auf den RFID-Transpondern erfolgen nach dem Master-Slave-Prinzip. Das heißt, die Applikation auf dem Computer (Master) schickt Befehle und Daten an das Lesegerät (Slave) und erhält wiederum Antwortdaten zurück. Das Lesegerät kodiert die empfangenen Daten und Befehle und modelliert sie auf ein magnetisches bzw. elektromagnetisches Wechselfeld. Alle in der Erfassungsreichweite befindlichen RFID-Transponder empfangen die vom Lesegerät gesendeten Informationen und schicken ihre jeweiligen Antwortdaten zurück. Hierbei stellt nun das Lesegerät den Master und der RFID-Transponder den Slave dar.[112]

4.3 Klassifizierung

Die unzähligen Varianten von angebotenen RFID-Systemen lassen sich durch eine Vielzahl von Eigenschaften beschreiben und klassifizieren. Zu den grundlegenden Eigenschaften zählen Energieversorgung und Speichertechnologie der RFID-Transponder sowie die Sendefrequenz des Lesegeräts.

Um ihren Mikrochip zu betreiben und Daten an das Lesegerät zu senden, benötigen die RFID-Transponder *Energie*. Aktive Transponder verfügen über eine eigene Energiequelle in Form einer Batterie, um ihre Daten zu senden. Passive Transponder beziehen ihre Energie hingegen aus dem von dem Lesegerät erzeugten elektromagnetischen Feld.[113] Im Gegensatz zu den aktiven Transpondern verfügen sie über eine geringere Reichweite und benötigen leistungsstärkere Lesegeräte; jedoch sind sie auch preiswerter. Semi-aktive Transponder versorgen ihren Mikrochip mit einer Batterie, nutzen jedoch zum Senden der Daten die Energie aus dem elektromagnetischen Feld.[114]

Bei der verwendeten *Speichertechnologie* kann zwischen Read-only-, Read-write- und Write-once-read-multiple-Systemen unterschieden werden. Die in der Herstellung kostengünstigen Read-only-Transponder werden vom Hersteller mit einer ID-Nummer beschrieben und können anschließend nur noch ausgelesen werden. Variable Daten, die mit dem Tag bzw. dem zugeordneten Objekt assoziiert werden sollen, müssen in einer Datenbank im Backend des RFID-Systems gespeichert werden. Read-Write-Transponder sind zwar in der Herstellung teurer, jedoch können hier variable Informationen immer wieder neu gespeichert werden. Write-once-read-multiple-Transponder sind besonders geeignet, um direkt im Unternehmen und nicht beim Hersteller einmalig eine weltweit eindeutige Identifikationsnummer zu hinterlegen, die anschließend nur noch ausgelesen werden kann.[115]

Je nach Speichergröße und Anwendungsbereich werden unterschiedlich große Mengen an Daten auf dem Transponder gespeichert. In vielen Fällen wird nur die Identifikationsnummer gespeichert, die als Referenznummer auf weitere in einer Datenbank hinterlegte Daten dient. In Anwendungen, in denen der Zugriff auf die Datenbank aus Zeit- oder Verbindungsgründen nicht möglich ist, werden Informationen zum Produkt etc. direkt auf dem RFID-Transponder gespeichert.[116]

Neben Datenspeicher und Mikrochips können auch Sensoren in RFID-Transpondern integriert werden, die in der Lage sind, Daten aus der Umwelt des Transponders (z. B. Temperatur, Druck, Beschleunigung, Erschütterung, Neigung, Umgebungslärm, aber auch chemische und biologische Zusammensetzung) zu erfassen und im Datenspeicher zu hinterlegen. So ermöglichen zum Beispiel integrierte Thermosensoren bei dem Transport hochsensibler Pharmaprodukte oder auch verderblicher oder tiefgekühlter Waren eine exakte Temperaturmessung und -dokumentation über den gesamten Verlauf der Wertschöpfungskette.[117]

Für den Fall, dass sich gewollt (Pulkerfassung) oder ungewollt mehrere RFID-Transponder im Lesebereich eines Lesegeräts befinden und ihre Daten auf derselben Frequenz senden, besteht die Gefahr, dass sich die Signale der Transponder überlagern und das Lesegerät keinen der Transponder identifizieren kann. Verfahren, die mehr als einem Transponder ermöglichen, auf das Übertragungsmedium zuzugreifen, werden Mehrfachzugriffsverfahren bzw. Antikollisionsverfahren genannt.[118] In der Praxis kommen hauptsächlich das transpondergesteuerte Aloha-Verfahren[119] und das lesegerätgesteuerte Tree-Walking-Verfahren[120] zum Einsatz.

Zur Kommunikation nutzen RFID-Systeme so genannte *ISM-Frequenzbereiche* (Industrial-Scientific-Medical), die speziell für industrielle, wissenschaftliche oder medizinische Anwendungen freigehalten wurden. Die uneinheitliche Zuteilung dieser Frequenzbereiche in verschiedenen Ländern sowie die dort geltenden unterschiedlichen Vorschriften hinsichtlich der erlaubten Sendestärke der RFID-Lesegeräte stellen derzeit eine zentrale Herausforderung für die Entwicklung international einsetzbarer RFID-Systeme dar. Daher wird den Standardisierungsbemühungen in diesen Bereichen eine hohe Bedeutung beigemessen. Normierungen im Bereich der RFID-Systeme werden u. a. von der International Organisation for Standardisation (ISO) übernommen.[121] „Die ISO/IEC-Standards legen beispielsweise Frequenzen, Übertragungsgeschwindigkeiten, Protokolle und Kodierung fest."[122] Aus den verschiedenen zum Einsatz kommenden Frequenzbereichen resultieren unterschiedliche Eigenschaften der

RFID-Systeme, die sich in der Auswahl der Einsatzfelder und Transpondertypen widerspiegeln (vgl. Tabelle 3).

Parameter	Niedrigfrequenz	Hochfrequenz	Ultrahochfrequenz	Mikrowelle
Frequenz	125 - 134 kHz	13,56 MHz	868 bzw. 915 MHz	2,45 bzw. 5,8 GHz
Leseabstand	bis 1,2 m	bis 1,2 m	bis 4 m	bis zu 15 m
Lesegeschwindigkeit	langsam	je nach ISO-Standard *	schnell	sehr schnell (aktive Transp.)
Art der Kopplung	induktiv	induktiv	elektromagnetisch	elektromagnetisch
Feuchtigkeit **	kein Einfluss	kein Einfluss	negativer Einfl.	negativer Einfl.
Metall **	negativer Einfl.	negativer Einfl.	kein Einfluss	kein Einfluss
Transponderausrichtung	nicht nötig	nicht nötig	teilweise nötig	immer nötig
Weltweit akzeptierte Frequenz	ja	ja	teilweise (EU/USA)	teilweise (nicht EU)
Heutige ISO-Standards	11784/85 und 14223	14223, 15693 und 18000	14223, 15693 und 18000	18000
Typische Transponder-Bautypen	Glasröhrchen-Transp., Transp. im Plastikgehäuse, Chipkarten, Smart Label	Smart Label, Industrie-Transponder	Smart Label, Industrie-Transponder	Großformatige Transponder
Beispielhafte Anwendungen	Zutritts- und Routenkontrolle, Wegfahrsperren, Wäschereingung, Gasablesung	Wäschereinigung, Asset Management, Ticketing, T&T, Pulkerfassung	Palettenerfassung, Container-Tracking	Straßenmaut, Container-Tracking

* unter 1 s bis 5 s bei ISO 14443 (5 s für 32 kByte), mittel (0,5 m/s Vorbeibewegung bei ISO 15693)
** Der Einfluss von Metall und Flüssigkeiten variiert je nach Produkt. Auch werden mittlerweile RFID-Tags angeboten, die den Einsatz nach Herstellerangaben auch im Niedrigfrequenzbereich erlauben (beispielsweise „((rfid))-on-Metal-Label" von Schreiner Logidata).

Tabelle 3: *Kenngrößen von RFID-Technologien*[123]

4.4 EPC Network

Am Massachusetts Institute of Technology (MIT) wurde 1999 das Auto-ID Center mit der Absicht gegründet, „die Vision des ‚Internets der Dinge' weiterzuentwickeln und zu implementieren."[124] Gemeinsam mit über 100 Partnern aus Handel, IT, Dienstleistung und produzierender Industrie wurde bis Oktober 2003 an der Entwicklung von Standards für Transponder, Lesegeräte und das zugehörige Informationssystem gearbeitet. Mitte 2003 wurde der EPCGlobal – ein Nonprofit-Joint-Venture zwischen EAN International und dem Uniform Code Council (UCC) – gebildet, um das vom Auto-ID Center entworfene *EPC Network* als globalen Standard zur automatischen Identifikation entlang der Wertschöpfungskette einzuführen, voranzutreiben und weiterzuentwickeln. Das EPC Network (vgl. Abbildung 5) umfasst die RFID-Technologie, den Elektronischen Produkt Code (EPC) und Infrastrukturkomponenten wie den Objekt Name Service (ONS), der EPC Information Service (EPC IS), die RFID-Middlewarekomponente und die Auszeichnungssprache Physical Markup Language (PML).[125]

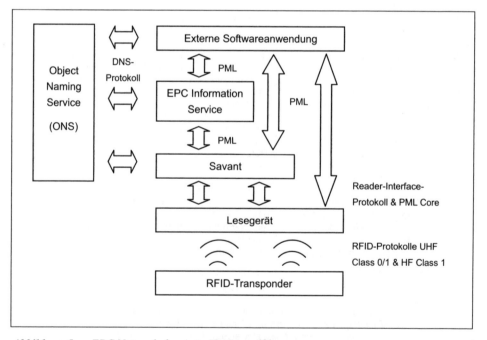

Abbildung 5: *EPC Network des Auto-ID Center*[126]

Der *Elektronic Product Code (EPC)* dient zur eindeutigen Identifikation der logistischen Objekte und bildet die Basis des EPC Networks. Analog zu traditionellen Barcode-Sytemen setzt sich der EPC aus verschiedenen Abschnitten zusammen, die in numerischer Form Hersteller, Produktklassen und Art des verwendeten Nachrichtenschemas eindeutig kennzeichnen. Im Gegensatz zum Barcode enthält der EPC auch eine Seriennummer, mit der die Artikel einzeln nummeriert und identifiziert werden können (vgl. Abbildung 6).[127]

Header	EPC Manager	Object Class	Serial Number
01 .	0000A89 .	00016F .	000169DC0

Abbildung 6: Electronic Product Code (96 Bit) im General-Identifier-Format

Der Header (8 Bits) definiert das EPC-Format (die EPC-Versionsnummer), während der EPC Manager (28 Bits) dazu dient, das Unternehmen bzw. die Organisation zu identifizieren, die die Daten zu dem Produkt verwaltet (z. B. Coca-Cola Company). Das Object Class Feld (24 Bits) identifiziert eindeutig einen Typ von Objekten dieses EPC Managers (z. B. 330 ml Dose Diet Coke, US-Version) und die Serial Number (36 Bits) wird zur eindeutigen Identifikation eines Objektes (z. B. eine einzelne Dose Diet Coke) genutzt.[128] „Das Konzept eines universell einsetzbaren EPC wurde [...] durch das Konzept domänenspezifischer EPC-Formate ergänzt"[129]. Im EPC lassen sich somit die im Handel und der Konsumgüterindustrie weit verbreiteten Nummernformate des UCC und EAN International codieren: der Universal Product Code (UPC), die European Article Number (EAN), der Serial Shipping Container Code (SSCC) und die Global Location Number (GLN).[130]

Bisher veröffentlichte Normen zur Kommunikation zwischen *RFID-Lesegerät* und *RFID-Transponder* wurden von dem Auto-ID Center/EPCGlobal bisher durch folgende *RFID-Transponder* spezifiziert:

- UHF Class 0
- UHF Class 1
- UHF Class 1 Generation 2
- HF Class 1

Die Transponder der UHF-Klassen arbeiten mit einer Sendefrequenz von 860 MHz bis 930 MHz und erreichen bei einer Sendeleistung des Lesegeräts eine Lesedistanz von bis zu sieben Metern. Da in Europa derzeit nur Sendeleistungen bis zu 0,5 Watt zulässig sind, verkürzt sich die Reichweite deutlich. Für beide Spezifikationen ist als Antikollisionsmechanismus das Tree-Walking-Verfahren vorgesehen. Während Transponder der UHF-Class 0 bereits im Produktionsprozess mit dem EPC beschrieben werden und anschließend nicht mehr umprogrammiert werden können (read-only), können Transponder der UHF-Class 1 einmalig vom Anwender mit dem EPC beschrieben werden (write-once-read-multiple). Ende 2004 wurde das UHF-Protokoll Class 1 Generation 2 verabschiedet, das in Zukunft die beiden UHF-

Klassen vereinigen und speziell auf die Eigenheiten der europäischen und asiatischen Richtlinien eingehen soll. Transponder der HF-Class 1 unterscheiden sich im Wesentlichen von den anderen Klassen in der Frequenz (13,56 MHz) und dem Antikollisionsmechanismus (Aloah-Verfahren).[131] Zur Standardisierung der Kommunikation zwischen Lesegerät und Host wurde ein *Reader-Interface-Protokol* entwickelt, das die Konfigurationsparameter des Lesegerätes und die Datenübermittlung von erkannten EPCs an den Host spezifiziert.[132]

Analog zum Domain Name Service (DNS) im Internet liefert der *Object Name Service (ONS)* unter Angabe einer EPC eines logistischen Objektes eine einzelne bzw. mehrere Internetadressen (URLs). Diese Internetadressen verweisen auf weitere auf einem Server hinterlegte Informationen zu dem jeweiligen logistischen Objekt. Damit verknüpft der ONS die physischen Ressourcen der Supply Chain mit ihren virtuellen Repräsentationen im Informationssystem.[133]

Die *Physical Markup Language (PML)* ist eine XML-basierte Auszeichnungssprache zur Beschreibung von Objekten, Prozessen und Umgebungen. Da sich die Entwicklung einer anwendungsunabhängigen Beschreibungssprache, die dennoch den heterogenen Anforderungen der verschiedenen Anwendungsgebiete gerecht wird, als schwierig erwies, wurde zunächst unter *PML Core* ein Vokabular entwickelt, das den Austausch von Lesegeräten und anderen Sensoren im EPC Network standardisiert. Die folgende Abbildung 7 zeigt, wie das Erkennen zweier RFID-Transponder durch ein RFID-Lesegerät in PML Core abgebildet wird.[134]

```
<pmlcore: Sensor>
    <pmluid:ID>urn:epc:1.4.16.36</pmluid:ID>
    <pmlcore:Observation>
        <pmlcore:DateTime>2002-11-06T13:04:34—06:0</pmlcore:DateTime>
        <pmlcore:Tag>
            <pmluid:ID>urn:epc:1:2.24.400</pmluid:ID>
        </pmlcore:Tag>
        <pmlcore:Tag>
            <pmluid:ID>urn:epc:1:2.24.401</pmluid:ID>
        </pmlcore:Tag>
    </pmlcore:Observation>
</pmlcore: Sensor>
```

Abbildung 7: *PML Core Beispiel*[135]

Die Weiterentwicklung der PML wurde eingestellt, wobei jedoch die PML-Core-Konzepte zum Teil im Reader-Interface-Protokoll weiterverfolgt wurden.

Hauptaufgabe der *RFID-Middlewarekomponente* ist es, Datenströme von Lesegeräten und möglichen weiteren Sensoren zu verarbeiten und an entsprechende Informations- und Anwendungssysteme (z. B. ERP) weiterzuleiten. Ursprünglich sollte die Savant-Software als Open-Source-Software die eigentliche Middlewarekomponente des EPC Networks darstellen. Diese Pläne wurden jedoch nicht weiter verfolgt. Anstatt eine Referenz-Implementierung oder Softwarespezifikation zu liefern, wurde lediglich die Schnittstelle zwischen RFID-Middleware und Anwendungssoftware (ALE = Application-Level-Events-Specification) von dem EPCGlobal normiert.[136]

Die verschiedenen Daten zu einem mittels Transponder gekennzeichneten Objekt sollen vom *EPC Information Service* (EPC IS) geliefert werden. Dabei soll der EPC IS nicht nur auf eigene Datenquellen zurückgreifen, sondern auch Informationen aus anderen Datenquellen anbieten können.[137]

5. Vergleich verschiedener Technologien

Ein vergleichendes Gegenüberstellen der Eigenschaften der obig ausgeführten verschiedenen Technologien der Datenerfassung zeigt die Stärken und Schwächen der Radio Frequency Identification zu den anderen Systemen (vgl. Tabelle 4).

Im Vergleich zu den übrigen Auto-ID-Technologien hebt sich die RFID-Technologie insbesondere durch ihre Leistungsfähigkeit hervor. Hierzu zählen beispielsweise die Widerstandsfähigkeit gegenüber äußeren Einflüssen (Schmutz, Feuchtigkeit, Hitze, Staub), die Lesbarkeit und Lesegeschwindigkeit des Datenträgers durch Maschinen oder auch die zu verarbeitende Datendichte und Datenmenge. Als weitere wichtige Vorteile nennen Strassner und Fleisch die Erfassung ohne Sichtkontakt zwischen Transponder und Lesegerät, die Fähigkeit der Erfassung im Pulk und die Möglichkeit, Daten direkt am Objekt zu speichern.[138]

Durch die Wiederbeschreibbarkeit einiger Transpondertypen ergibt sich zudem ein höherer Einsatzbereich der RFID-Technologie (z. B. Eignung für die Mehrweglogistik).[139]

Ein wesentliches Unterscheidungsmerkmal, das sich aus einigen Eigenschaften der verschiedenen Datenerfassungssysteme ableiten lässt, ist die benötigte Intensität menschlicher Interventionen und somit das Ausmaß der zuvor erwähnten Problemfelder manueller Datenerfassung (vgl. Abbildung 8).

Paramter	OCR	Barcode	RFID
Typische Datenmenge/Byte	1 ~ 100	1 ~ 100	16 ~ 64k
Datendichte	gering	gering	sehr hoch
Maschinenlesbarkeit	gut	gut	Gut
Lesbarkeit durch Personen	einfach	bedingt	unmöglich
Pulkerfassung	unmöglich	unmöglich	unmöglich
Einfluss von Schmutz und Nässe	sehr stark	sehr stark	kein Einfluss
Einfluss von (opt.) Abdeckungen	totaler Ausfall	totaler Ausfall	kein Einfluss
Einfluss von Richtung und Lage	gering	gering	kein Einfluss
Abnutzung/Verschleiß	bedingt	bedingt	kein Einfluss
Anschaffungskosten/Leseelektronik	mittel	sehr gering	mittel
Betriebskosten (z. B. Drucker)	gering	gering	keine
Unbefugtes Kopieren/Ändern	leicht	leicht	unmöglich
Lesegeschwindigkeit (inkl. Handhabung des Datenträgers)	gering ~3s	gering ~4s	sehr schnell ~0,5s
Maximale Entfernung zw. Datenträger und Lesegerät	< 1 cm (Scanner)	0 ... 50 cm	0 ... 15 m (Mikrowelle)

Tabelle 4:   *Vergleich verschiedener Datenerfassungstechnologien*[140]

Soll beispielsweise bei der Warenein- und -ausgangskontrolle nicht nur die Palette, sondern jede einzelne auf der Palette befindliche, kleinste Verpackungseinheit erfasst werden, müssen bei der Verwendung des Barcode-Systems Mitarbeiter die Palette auspacken, jede Verpackungseinheit mit manuell zu bedienenden Handscannern erfassen und anschließend wieder verpacken und verstauen. Bei der Verwendung der RFID-Technologie wird hingegen der gesamte Paletteninhalt automatisch identifiziert, indem die Palette durch das mit RFID-Lesegeräten bestückte Wareneingangs- bzw. Warenausgangstor (RFID-Schleuse) gefahren wird.[141]

Die automatische Identifikation auf Basis von RFID ermöglicht „erstens eine hohe Zeitnähe zwischen Ereignissen in der realen Welt und deren Abbildung in der virtuellen Welt, zweitens reduziert sie die Fehlerrate der Abbildung und drittens vereinfacht sie den individuellen Umgang mit großen Mengen."[142]

Vergleich verschiedener Technologien

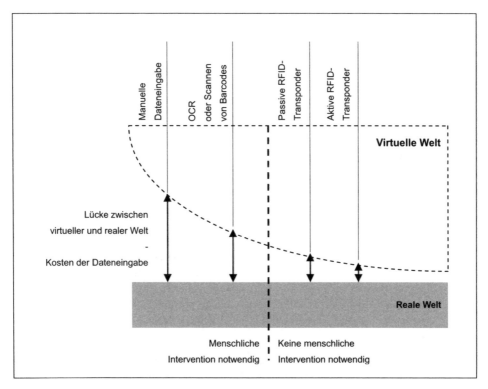

Abbildung 8: Intensität menschlicher Intervention in den verschiedenen Verfahren der Datenerfassung[143]

SAP Auto-ID Infrastructure

1. Einordnung

Ein entscheidender Effekt der RFID-Implementierung ist der Anstieg der digitalen Datenvolumina. So führten Untersuchungen des amerikanischen Zigarettenherstellers Philip Morris zu dem Ergebnis, dass allein für den nordamerikanischen Markt 110 Terrabyte pro Jahr an zusätzlichen Daten anfallen, wenn jede Zigarettenschachtel mit einem RFID-Transponder von 1 Kilobyte versehen und an den wichtigsten Punkten der Logistikkette gescannt wird. Durchschnittlich müssten hierzu 3 500 Scannvorgänge pro Sekunde an 365 Tagen im Jahr und 24 Stunden am Tag durchgeführt werden.[144] Ursächlich für den Anstieg sind insbesondere zwei Faktoren:

- Sinkende Preise der RFID-Systemkomponenten in Verbindung mit der Möglichkeit der automatischen Pulkerfassung ermöglichen, Daten zu jedem einzelnen logistischen Objekt an allen relevanten Punkten der Supply Chain zu erfassen.

- Zu der erhöhten Frequenz der Datenerfassung kommt eine Erhöhung der Komplexität der Daten. Während bei der Kennzeichnung durch Barcodes das logistische Objekt oftmals lediglich durch Informationen zur Marke, Produktart und Menge klassifiziert wurde, ermöglicht die höhere Speicherkapazität der RFID-Transponder, weitere Informationen und damit größere Datenmengen zu jedem Objekt zu hinterlegen.[145]

Um diese großen Datenmengen zu verarbeiten und in die bestehenden Unternehmensanwendungen zu integrieren, wird eine RFID-Middleware benötigt.[146] Diese wird von dem Marktforschungs- und Beratungsunternehmen Forrester Research als „platform for managing RFID data and routing it between tag readers or other identification devices and enterprise systems"[147] definiert.

In einer im August 2004 veröffentlichen Studie von Forrester Research wurden insgesamt 13 führende RFID-Middleware Anbieter anhand von ca. 75 Kriterien evaluiert: ConnecTerra, GlobeRanger, IBM, Manhattan Associates, Microsoft, OATSystems, Oracle, RF Code, SAP, Savi Technology, Sun Microsystems, TIBCO Software und webMethods. Die einzelnen Kriterien wurden zu den in Tabelle 5 dargestellten Kategorien zusammengefasst.

Current offering	Reader and device management
	Data management
	Application integration
	Partner integration
	Process management and application development
	Packaged content
	Architecture and administration
Strategy	Product strategy
	Go-to-market strategy
	Key technology partners
	Key industrie affilitations
	Cost
Market presence	Installed base
	Systems integrators
	Contact centers
	Services
	Employees
	Revenue
	Revenue growth

Tabelle 5: RFID-Middleware – Bewertungskriterien[148]

Anbieter und Middleware wurden anhand dieser Kriterien einmal hinsichtlich ihrer Eignung als kurzfristige Lösung für Early Adopters (Erst- bzw. Frühanwender oder Pilotanwender) und ein zweites Mal hinsichtlich ihrer Potenziale bzw. Eignung als langfristige und vor allem skalierbare Lösung bewertet. Die Ergebnisse der einzelnen Bewertungen sind in den Abbildungen 9 und 10 veranschaulicht.[149]

Der Studie zufolge dürften Early Adopters Middleware-Lösungen favorisieren, die eine ausgewogene Balance zwischen RFID-Middleware-Funktionen (z. B. Geräteintegration und Datenfilterung) und Kernanwendungsfunktionen (z. B. Kommissionieren mit Hilfe des EPC) bieten. Dies gilt speziell für jene, die den Forderungen ihrer Großabnehmer nachkommen müssen, bis zu einem vorgegebenen Zeitpunkt die RFID-Implementierung zu realisieren.

Diesen Anforderungen werden nach Forrester Research insbesondere die Middleware-Lösungen der Unternehmen Manhattan Associates, OATSystems und SAP gerecht.[150]

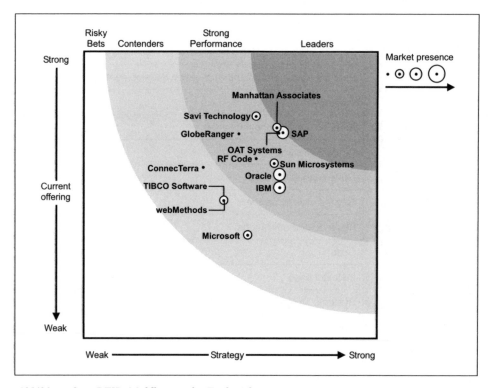

Abbildung 9:   *RFID-Middleware for Early Adopters*

Für eine langfristige Middleware-Lösung werden selbige Anforderungen an RFID-Middlewarefunktionen und Kernanwendungsfunktionen gestellt. Darüber hinaus wurden in der Bewertung der Skalierbarkeit und der Integrierbarkeit der Middleware-Lösung besondere Bedeutung beigemessen. Als führender Anbieter einer langfristigen Middleware-Lösung wird von Forrester Research SAP gesehen. Dem Unternehmen kommen hier vor allem seine Erfahrungen im Bereich der Infrastruktur und bei den Anwendungen zugute.[151]

Die Middleware-Lösung der SAP AG trägt den Namen SAP Auto-ID Infrastructure (AII) und soll im Folgenden genauer vorgestellt werden.[152] „The Auto-ID Infrastructure filters, aggregates, associates, integrates, and synchronises information from the virtual world with the real world of products and people, enabling companies to sense and respond to Auto-ID information across the extended enterprise in real time."[153]

Systemarchitektur

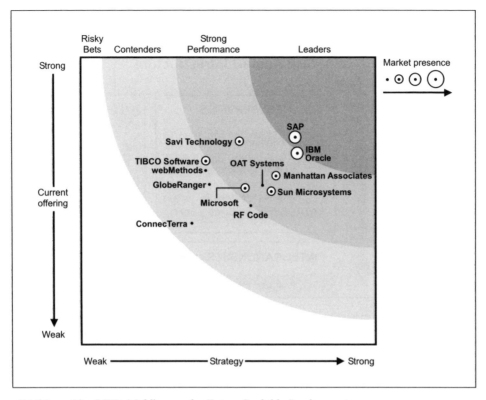

Abbildung 10: RFID-Middleware for Future Scalable Deployments

2. Systemarchitektur

Die SAP Auto-ID Infrastructure setzt sich aus zwei Hauptbestandteilen zusammen: den Kernservices und den Integrationsservices (vgl. Abbildung 11). Die *Kernservices* ermöglichen die eigentlichen AII-Funktionalitäten (Aktivitätsmanagement, Datenmanagement und Konfigurations- & Administrationsmanagement). Die *Integrationsservices* dienen zur Interaktion mit den Geräten (Geräteintegration), den nachgelagerten Systemen (Backendintegration) und den AII-Anwendern (Benutzerintegration).

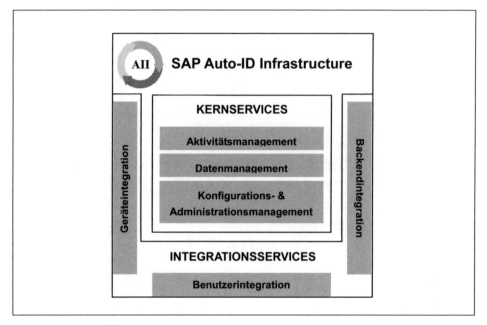

Abbildung 11: *SAP Auto-ID Infrastructure – Systemarchitektur*[154]

Aktivitätsmanagement

Eingehende Nachrichten (von Geräten bzw. der Gerätessteuerung oder vom Backendsystem) werden an einen Regelprozessor weitergeleitet, der die Nachrichten – in Abhängigkeit vom Nachrichtentyp – anhand einer spezifizierten Liste von Konditionen bewertet. Das Ergebnis dieser Bewertung ist eine Liste von Regeln, die eine oder mehrere Aktivitäten in einer bestimmten Reihenfolge anstoßen. Aktivitäten können beispielsweise das Erzeugen eines EPC und das Schreiben dieses EPC auf einen RFID-Transponder sein. Aktivitäten, Regeln und Konditionen sind bereits in der Standardauslieferung der AII enthalten. Im Customizing können diese verändert und erweitert werden.[155]

Datenmanagement

Bewegungsdaten und Stammdaten zu Objekten[156] werden temporär in einer lokalen Datenbank der AII gespeichert. Bewegungsdaten beinhalten Angaben zu dem aktuellen und dem alten Stand eines Objektes. Diese Angaben umfassen Informationen zu den auf dem Objekt ausgeführten Aktivitäten, seine Bewegung und aktuelle Position sowie seiner Struktur (z. B. Packinformationen). Durch die Speicherung des alten Standes eines Objektes gewährleistet das Datenmanagement die Teilfunktionen Protokollieren und Archivieren. Stammdaten umfassen Angaben zu Produkten, Orten im Lager, Geschäftspartnern, angebundenen Geräten

Systemarchitektur   47

und den Nummernkreisen der EPC-Serialnummern. Für den Fall einer Anbindung der AII an ein Backendsystem werden die Stammdaten aus dem Backendsystem repliziert. Dadurch kann die AII auch dann genutzt werden, wenn das Backendsystem bzw. die Verbindung zum Backendsystem zeitweise nicht verfügbar ist.[157]

Konfigurations- & Administrationsmanagement

Während der Laufzeit lassen sich Einstellungen für das Aktivitäts- und Datenmanagement sowie zur Integration von Benutzern, Geräten und Backendsystemen anpassen und erweitern.[158]

Benutzerintegration

Zur Integration der Benutzer werden verschiedene Schnittstellen zur Verfügung gestellt. Der vollständige Zugriff auf die AII kann über das SAP GUI (Graphical User Interface) als Desktopanwendung oder über eine Javabasierte Applikation im Webbrowser erfolgen. Als weitere Schnittstellen dienen mobile Endgeräte. Hier lassen sich Anwendungen zur Steuerung der AII von Anwendungen zur Durchführung logistischer Transaktionen über Schreib- und Lesegeräte unterscheiden.[159]

Geräteintegration

In die AII lässt sich eine Vielzahl von stationären und mobilen Geräten integrieren. Da neben der RFID-Technologie in der Praxis weiterhin auch andere Identifikationstechnologien zum Einsatz kommen, die (z. B. aus Kostengründen) in bestimmten Anwendungen besser geeignet sind, beschränkt sich die Anbindung nicht nur auf mobile und stationäre RFID-Lesegeräte und -Drucker, sondern umfasst auch weitere Kommunikations- und Empfangsgeräte wie etwa Barcode-Scanner, Bluetooth-Geräte und Embedded Systems. Um eine reibungslose Echtzeit-Koordination der Geräte zu gewährleisten, wird die Anbindung der Geräte an die AII mittels einer Geräteverwaltung (Device Management = DM) vorgenommen, die von den jeweiligen Geräteherstellern angeboten wird bzw. werden soll.[160]

Backendintegration

Die Einführung der RFID-Technologie in den Unternehmen ist mit verschiedenen technischen Herausforderungen verbunden. Die Implementierung verläuft daher oft in mehreren Phasen. Erste Phasen dienen häufig nur zur Erfüllung der Forderungen von Großabnehmern, bis zu einem bestimmten Datum, Paletten und Verpackungen mit RFID-Transponder zu versehen. So hat beispielsweise die Metro-Group im November 2004 begonnen, von 22 ihrer Lieferanten nur noch mit RFID-Transponder gekennzeichnete Paletten anzunehmen bzw. zu akzeptieren – Ende 2005 sollen es ungefähr 100 Hersteller sein. Um die Ziele dieser ersten

Phase mit minimalem Aufwand erreichen zu können, kann die SAP Auto-ID Infrastructure als Standalone-Lösung eingeführt werden. Langfristig ist jedoch zu erwarten, dass die Integration der AII mit den bestehenden Backendsystemen der vorherrschende Fall sein wird (vgl. Abbildung 12).[161]

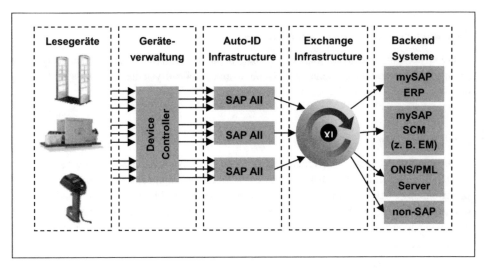

Abbildung 12: RFID-Lösungslandschaft[162]

Mögliche Backendsysteme sind beispielsweise mySAP ERP[163] oder Supply Chain Event Management aus SAP SCM[164] wie auch weitere Systeme von SAP oder aber auch von anderen Herstellern (non-SAP). Die Kopplung dieser Systeme mit der AII kann die SAP Exchange Infrastructure (SAP XI) übernehmen. Über sie werden alle Informationen ausgetauscht, die zwischen den Backendsystemen und der AII fließen. AII und SAP XI kommunizieren über HTTP(S) mit SOAP-XML-Nachrichten[165], während zur Kommunikation mit den SAP basierten Backendsystem IDocs[166] dienen. Darüber hinaus werden auch weitere Datenformate für den Datenaustausch mit den Backendsystemen angeboten, die von Adaptern der SAP XI konvertiert werden. Neben der Transformation von Datenformaten und dem Mapping der Feldinhalte der Nachrichten-Strukturen übernimmt die SAP XI auch das Routing der Nachrichten zu einem oder mehreren Empfängern.[167]

3. Aufgaben und Funktionen des Device Controllers

Das Device Management kann aus einem oder mehreren Device Controllern (DC) bestehen. Zu den Kernfunktionen eines DC zählen zum einen die Steuerung der Geräte bzw. Gerätegruppen (logisch gruppierte Geräte) und zum anderen die Verarbeitung und Weiterleitung der – von den Lesegeräten zum DC gesendeten – Nachrichten an die AII. Die Nachrichtenverarbeitung im DC wird durch sechs verschiedene Typen von *Data Processors* realisiert:[168]

(1) Filters. Während der Konfiguration des DC ist es möglich, Kriterien zu bestimmen, wonach eingehende Nachrichten ausgefiltert werden können. So lassen sich zum Beispiel alle Informationen, die von RFID-Transpondern auf Kartonebene ausgelesen wurden, herausfiltern oder Fehlerfassungen bereinigen.

(2) Enrichers. Zusätzliche auf einem RFID-Transponder hinterlegte Daten, wie etwa während eines Transports durchgeführte und gespeicherte Temperaturmessungen, können ausgelesen und der Nachricht beigefügt werden.

(3) Aggregators. Mehrere eingehende Nachrichten können zu einer einzigen Nachricht zusammengefasst werden. Beispielsweise lassen sich so an einem mit RFID-Lesegeräten bestückten Lagerausgangstor (RFID-Schleuse) alle innerhalb eines bestimmten Zeitfensters von RFID-Transpondern erfassten Informationen sammeln und in einer einzigen Nachricht an das Backendsystem kommunizieren.

(4) Writers. Dieser Data-Processor-Typ dient zum Schreiben bzw. Ändern der Informationen auf dem RFID-Transponder.

(5) Buffers. Erfasste Nachrichten werden zur weiteren Verarbeitung temporär zwischengespeichert. Ferner wird festgehalten, welche RFID-Transponder sich aktuell im Lesebereich des RFID-Lesegeräts befinden.

(6) Senders. Die empfangenen Nachrichten werden in ein bestimmtes Format – etwa PML – transformiert und an die AII weitergeleitet.

Teil II

Anwendungsszenarien

Aggregation und RFID

Der Einsatz der RFID-Technologie kann auf verschiedenen Hierarchieebenen erfolgen (z. B. Produkt-, Kisten-, Palettenebene usw.). Dabei gilt es, individuell unter Berücksichtigung der jeweiligen Kosten- und Nutzenrelation und der Beschaffenheit des Produktes abzuwägen, ob jedes einzelne Produkt, jede Kiste oder nur jede Palette mit einem RFID-Transponder gekennzeichnet werden soll.[169] Auch beim RFID-Einsatz auf unterster Ebene – also auf der Produktebene – werden RFID-Transponder auf den höheren Ebenen (z. B. Kiste, Palette usw.) nicht überflüssig. Insbesondere in Situationen, in denen eine größere Anzahl an Transpondern in kurzer Zeit oder über eine große Distanz gescannt werden sollen, ist die Leserate (d. h. der Anteil an richtig erkannten RFID-Transpondern) auf Produktebene unter Umständen zu gering. Kritisch ist ebenfalls das Scannen von Produkten, die Flüssigkeiten enthalten bzw. die selbst oder deren Verpackungen vollständig oder zum Teil aus Metall bestehen. Die Aggregation von Produkten stellt hier eine Lösungsmöglichkeit dar. Beim Verpacken werden die Produkte einzeln gescannt und der nächsthöheren Aggregtionsstufe (z. B. einem Karton) zugeordnet. Analoges gilt auch für die Aggregation von Kartons zu Paletten. Wird beispielsweise beim Wareneingang der RFID-Transponder der Palette gescannt, kann automatisch erfasst werden, welche Kartons auf die Palette und welche Produkte in die Kartons gepackt wurden. Die Aggregation reduziert somit das Problem von Fehllesungen, beinhaltet jedoch auch gewisse Nachteile. So entfällt z. B. die Möglichkeit der exakten Mengenkontrolle.[170]

Für die nachstehenden Untersuchungen wird angenommen, dass RFID-Transponder auf allen Hierarchieebenen zum Einsatz kommen.

Auswahl relevanter Prozesse

Zur Untersuchung der Anwendungsszenarien der automatischen Identifikation auf Basis von RFID im MSCEM gilt es zunächst jene Prozesse innerhalb der Supply Chain auszuwählen, die zum einen für das MSCEM relevant und zum anderen direkt am Materialfluss beteiligt sind. Als Prozessmodell eignet sich das vom Supply-Chain Council[171] entwickelte Supply-Chain-Operations-Reference-Modell (SCOR-Modell).[172]

1. Supply-Chain-Operations-Reference-Modell (SCOR-Modell)

Das SCOR-Modell stellt ein branchenunabhängiges Standard-Prozess-Referenzmodell zum Darstellen, Analysieren und Konfigurieren von Supply Chains dar – „from the suppliers' supplier to the customers' customer."[173] Es basiert auf den fünf Kernprozessen Planung (Plan), Beschaffung (Source), Herstellung (Make), Distribution (Deliver) und Entsorgung (Return), die in hierarchischer Form über mehrere Ebenen (Levels) in jeweils niedrigere Aggregationsniveaus aufgesplittet und beschrieben werden (vgl. Tabelle 6). [174]

Die einzelnen Kernprozesse sind nach SCOR wie folgt definiert:[175]

- Das *Planen* beinhaltet diejenigen Aktivitäten, die der Ermittlung der Bedarfsanforderungen und der vorhandenen Ressourcen, deren Abgleich und der daraus ableitbaren Planfestlegung dienen.

- Das *Beschaffen* beschreibt die Prozesse zur Sicherstellung der wirtschaftlichen Versorgung des Unternehmens mit den benötigten Rohmaterialien, Handelswaren oder Fremdleistungen. Ferner beinhaltet sie infrastrukturelle Maßnahmen wie etwa die Lieferantenauswahl oder die Liefervertragsgestaltung.

- Das *Herstellen* umfasst alle Prozesse zur Produktion bzw. Fertigung von Produkten. Dies beinhaltet sowohl den Prozess der Produkterstellung als auch die Kapazitätssteuerung, Zwischenlagerung, Verpackung und Übergabe an den Vertrieb.

Supply-Chain-Operations-Reference-Modell (SCOR-Modell)

- Zum Kernprozess *Liefern* gehören das Kundenauftragsmanagement, das Fertigwarenlager sowie die Distributionsvorgänge.

- Das *Entsorgen* beinhaltet all jene Prozesse, die von der Rückgabe bzw. vom Empfang von Rückgaben betroffen sind.

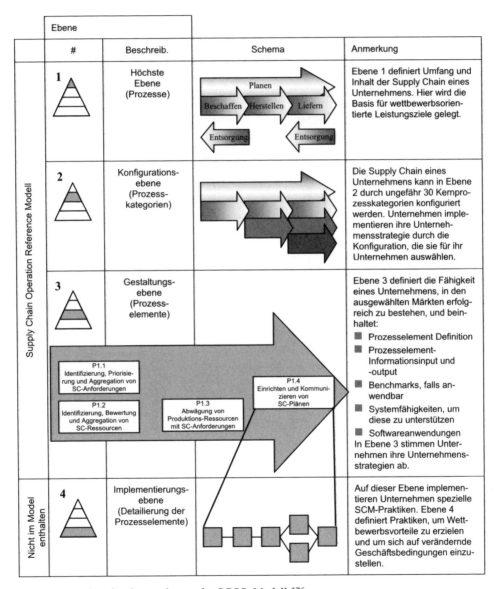

Tabelle 6: Beschreibungsebenen des SCOR-Modells[176]

Auf der Konfigurationsebene werden diese fünf Kernprozesse in ungefähr 30 Prozesskategorien unterteilt, die beschreiben, wie die Prozesse der Supply Chain geplant, das Material beschafft, die Produkte hergestellt und geliefert und Rückgaben entsorgt werden. Die Prozesskategorien unterscheiden sich bei den Ausführungsprozessen (Beschaffen, Herstellen, Liefern, Entsorgen) nach der Auftragsart – wird beispielsweise auf Lager produziert oder auftragsbezogen – und bei den Planungsprozessen nach den jeweiligen Ausführungsprozessen (vgl. Abbildung 13).[177]

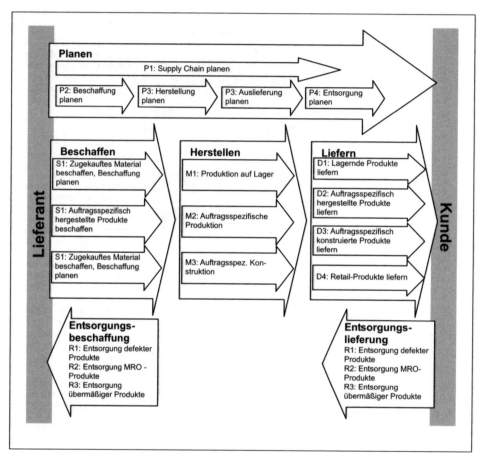

Abbildung 13: Ebenen 1 und 2 des SCOR-Modells[178]

Mit der Wahl der Prozesskategorien auf der Ebene 2 wird das Layout der Supply Chain festgelegt und die Konstellation der Prozesselemente der Ebene 3 beeinflusst. So setzt sich beispielsweise die Produktion auf Lager aus den Prozesselementen Produktionsplanung, Materialausgabe, Produktion, Verpacken, Einlagerung und Produktfreigabe zusammen. Bei der auftragsspezifischen Konstruktion hingegen wird diesen Prozesselementen ein weiteres Prozesselement (Maschinensetup) vorgelagert.[179] Auf der Ebene 3 werden also die Prozesskategorien detailliert. Die Prozesselemente werden in ihrer Reihenfolge und mit ihren jeweilgen Eingangs- und Ausgangsinformationen getrennt dargestellt.[180]

Die Implementierungsebene zerlegt die einzelnen standardisierten und branchenübergreifenden Prozesselemente in branchen- und unternehmensspezifische Prozessschritte, die nach Unternehmensbelangen ausgerichtet werden. Hierfür werden keine Modellierungselemente angeboten. Die Unternehmen dokumentieren ihre Prozesse mit Hilfe bereits existierender Modellierungsverfahren (ISO-Normen, ARIS-Toolset). Je nach gewähltem Detaillierungsgrad, können diese Prozessschritte auf weitere Ebenen (Ebene 5, Ebene 6, Ebene 7 etc.) disaggregiert werden.[181]

2. Darstellung des MSCEM im SCOR-Modell

Zur Darstellung des MSCEM lassen sich die einzelnen Ebenen des SCOR-Modells als Event Level I bis IV bezeichnen.[182] Auf dem untersten Aggregationsniveau mit dem höchsten Detaillierungsgrad befinden sich die kritischen Aktivitäten. Hier sind Meilensteine angesiedelt, denen Soll-Werte in Form von Toleranzgrenzen zugeordnet sind, innerhalb derer sich bestimmte Ausprägungen bewegen dürfen. Mit RFID werden Status generiert, die zur Identifikation und Bewertung von Events herangezogen werden. Dies sind zum einen negative und/oder positive Events mit Meilensteincharakter (z. B. „Ware eingetroffen") und zum anderen Events, die eine Abweichung der zuvor definierten Toleranzgrenzen (z. B. „die vom RFID-Transponder während des Transports gemessene Temperatur liegt 3 °C über der vorgeschriebenen Höchsttemperatur") darstellen (vgl. Abbildung 14). Kann ein Event auf der Ebene seiner Entstehung gelöst werden, ist keine „Weiterleitung" in höhere Event Levels nötig. Andernfalls löst das Event Folge-Events in übergeordnete Event Levels aus. Neben der vertikalen Fortsetzung der Event-Kette können sich Events auch horizontal entlang einer Supply Chain ausbreiten.[183] Theoretisch könnte jede einzelne durchgeführte Aktivität einen Status melden. Dass dies keine wirtschaftliche Lösung sein kann ist evident. Hunewald beschreibt mit der Kaufteile-Portfolio-Matrix (KPM) einen Ansatz zur Selektion der Produkte und den daraus ableitbaren Prozessen bzw. Aktivitäten, die für das SCEM und somit auch hier für das MSCEM relevant sind. Als Relevanz-Kriterien werden das Versorgungsrisiko und der Ergebniseinfluss der Produkte herangezogen.[184]

Die folgenden Untersuchungen beschränken sich auf die Kernprozesse Beschaffen, Herstellen und Liefern. Der Kernprozess Planen entfällt, da dieser nicht direkt am Materialfluss beteiligt ist. Der Kernprozess Entsorgen wird ebenfalls nicht berücksichtigt. Zwar beinhaltet er Prozesselemente, die sehr wohl am Materialfluss beteiligt sind und in denen RFID das MSCEM unterstützen kann, jedoch lassen sich diese analog zu den Prozesselementen beim Beschaffen, Herstellen und Liefern betrachten. Es wird stets nur die erste Prozesskategorie („Zugekauftes Material beschaffen", „Produktion auf Lager" und „Lagernde Produkte liefern") betrachtet, da die jeweils anderen Prozesskategorien keine weiteren relevanten Prozesselemente beinhalten. Analog werden in den gewählten Prozesskategorien nur jene Prozesselemente untersucht, die direkt am Materialfluss beteiligt sind.[185]

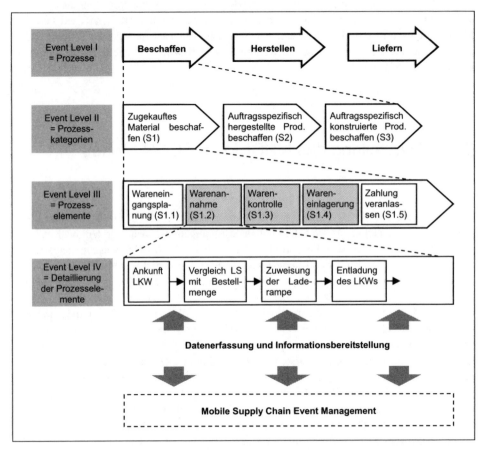

Abbildung 14: Prozessbeschreibung am Beispiel der Beschaffung in Anlehnung an SCOR[186]

Die Ausführungen zu den Anwendungsszenarien der RFID im MSCEM beziehen sich nicht auf eine spezifische Unternehmenssituation. Da die konkrete Ausgestaltung der Prozesselemente unternehmens- und branchenspezifisch divergiert, wird auf eine genaue Modellierung der innerhalb eines Prozesselements ausgeführten Aktivitäten verzichtet. Die Umschreibungen der Prozesselemente dienen dem besseren Verständnis des Nutzens von RFID in den einzelnen Prozesselementen, sie haben Beispielcharakter und erheben nicht den Anspruch auf

Vollständigkeit. Für die beobachteten Produkte bzw. Waren und Materialien wird angenommen, dass sie die Relevanz-Kriterien der KPM erfüllen.

Es wird nicht aufgezeigt, wie Events bearbeitet bzw. horizontal oder vertikal in der Supply Chain weitergeleitet werden, sondern wie die Datenerfassung in den einzelnen Prozesselementen mittels RFID umgesetzt werden kann. Dabei wird angenommen, dass die gesammelten Statusinformationen dem MSCEM zur Verfügung gestellt werden. Neben dem reinen Sammeln dieser Informationen für das MSCEM, vermag RFID zudem die in den einzelnen Prozesselementen ablaufenden Aktivitäten zu unterstützen und/oder zu automatisieren und weitere Nutzenpotenziale zu erschließen. Überlegungen zur Implementierung von RFID werden seitens der Unternehmen insbesondere auch durch diese weiteren Faktoren getrieben, die daher in den folgenden Kapiteln berücksichtigt werden sollen.[187]

Beschaffen

Unter den im SCOR-Modell definierten Prozesselementen beim Beschaffen lassen sich als relevante Anwendungsbereiche die Warenannahme (S1.2 Receive Product), die Warenkontrolle (S1.3 Verify Product) und die Wareneinlagerung (S1.4 Transfer Product) identifizieren (vgl. Abbildung 14).[188]

1. Warenannahme (S1.2 Receive Product)

Als überbetriebliche Transportmittel werden Schienen-, Straßen- und Luftverkehr, die Schifffahrt und weitere Einrichtungen wie z. B. Rohrleitungen und Seilbahnen eingesetzt.[189] Hier und im Folgenden beschränken sich die Ausführungen auf den Transport per Lastkraftwagen. Der Einsatz der RFID-Technologie kann für die anderen Transportmittel weitestgehend analog gesehen werden.[190]

Die Warenannahme wird durch „das Ereignis ‚LKW-Fahrer meldet sich im Wareneingangsbüro' angestoßen."[191] Durch einen Vergleich von Bestell- und Lieferscheindaten hinsichtlich Richtigkeit der Ware, Menge und des vereinbarten Liefertermins wird über die Annahme oder Ablehnung der Ware entschieden. Bei Annahme erfolgt die Freistellung zur Entladung der Ware an einer bestimmten Entladestelle (z. B. LKW-Rampe).[192]

Ist der LKW mit einem RFID-Transponder gekennzeichnet, kann das Eintreffen einer Lieferung auf dem Werksgelände des Warenempfängers von zwei am Werkstor installierten RFID-Lesegeräten registriert werden. Die um einige Meter versetzte Installation zweier Lesegeräte ermöglicht es, die Bewegungsrichtung (Ein- oder Ausfahrt) zu erfassen.[193] Elektronische Lieferscheindaten lassen sich direkt vom Transponder und/oder indirekt über die auf dem Transponder gespeicherte Identifkationsnummer aus einer Datenbank auslesen und automatisch mit den Bestelldaten abgleichen.[194] Bei Annahme der Ware wird elektronisch (z. B. mittels EDI) eine Annahmebestätigung (z. B. RECADV) an den Lieferanten versandt und der LKW entweder direkt zur Entladestelle oder zu einer Warteposition auf dem Gelände weitergeleitet.[195] Durch weitere auf dem Werksgelände installierte RFID-Lesegeräte lässt sich zu jeder Zeit das Fahrzeug lokalisieren. Dazu wird das Signal des Transponders jeweils von mehreren Lesegeräten empfangen. Aus diesen Daten berechnet ein zentrales Lokalisierungsgerät mittels Triangulation die Position des Transponders bzw. des LKWs.[196] Ein an der Entladestelle installiertes RFID-Lesegerät registriert die Ankunft des LKWs. Hat der LKW-Fahrer die falsche Entladestelle angesteuert, erhält dieser einen Warnhinweis.[197]

2. Warenkontrolle (S1.3 Verify Product)

Die Warenkontrolle setzt sich aus einer qualitativen und einer quantitativen Überprüfung der gelieferten Ware zusammen. Bei der quantitativen Kontrolle findet ein Abgleich der gelieferten Menge mit den Angaben des Lieferscheins und der Bestellung statt. Im Rahmen der qualitativen Kontrolle wird der Zustand der Ware überprüft.[198]

In der Praxis erfolgt eine exakte Qualitäts- und Mengenkontrolle nur in seltenen Fällen.[199] Die Kontrollen hemmen den Waren- bzw. Materialfluss am Wareneingang, verursachen Kosten und bedeuten vielfach eine Doppelprüfung, da beim Lieferanten ebenfalls eine Kontrolle der ausgehenden Waren vollzogen wird. Daher verstärkt sich eine Tendenz, Qualitätsprüfungen grundsätzlich dem Lieferanten zuzuweisen. Dem Lieferanten werden dazu bestimmte Qualitätsmerkmale vorgegeben, Prüfumfang, -intensität, -methoden, -geräte und Toleranzen werden im Voraus festgelegt. Zur Einhaltung dieser Vorgaben wird ein Qualitätssicherheitsabkommen geschlossen. Werden die Qualitätskontrollen lieferantenseitig vorgenommen, bleiben jedoch qualitative Mängel, die erst während des Transports entstehen (z. B. durch Erschütterung bei zerbrechlicher Ware oder zu hohe Temperaturen bei verderblicher Ware), beim Wareneingang unentdeckt. Analog verhält es sich bei den Mengenkontrollen: Findet diese ebenfalls nur lieferantenseitig (z. B. beim Verladen) statt, bleiben Fehlmengen, die während des Transports durch Schwund bzw. Diebstahl entstehen, ebenfalls beim Wareneingang unentdeckt.[200]

Durch den Einsatz der RFID-Technologie ist eine erste Qualitätskontrolle bereits vor der Abladung des LKWs möglich. Im LKW installierte RFID-Transponder mit Sensorfunktion ermöglichen die Überwachung und Dokumentation der Umweltbedingungen (z. B. Temperatur, Druck, Beschleunigung, Erschütterung, Neigung, Umgebungslärm, aber auch chemische und biologische Zusammensetzung) während des Transports.[201] Die gesammelten Daten können über mobile Datenerfassungsgeräte (MDE-Geräte)[202] vom Lagermitarbeiter ausgelesen werden und erlauben somit ein erstes Qualitätsurteil.[203] Über Entladung oder Rücksendung der Waren kann entschieden werden, ohne weitere Ressourcen zur Wareneingangsbearbeitung zu beanspruchen. Beim Entladen werden die Waren durch eine RFID-Schleuse[204] geschoben, welche die auf den Waren angebrachten RFID-Transponder identifiziert und mengenmäßig erfasst. Das Lagerverwaltungssystem (LVS) kann die tatsächlich gelieferte Menge mit Bestell- und Lieferdaten abgleichen, den Wareneingang artikelgenau buchen und die Einlagerung anstoßen. Über eine im LKW installierte RFID-Antenne kann parallel kontrolliert werden, ob die Ware vollständig entladen wurde und ob auch wirklich nur die Ware entladen wird, die für den Lieferempfänger bestimmt ist.[205]

Sind die Waren bzw. Verpackungen (z. B. Karton, Fass) oder Ladehilfsmittel (z. B. Paletten, Rollbehälter) ebenfalls mit Sensoren versehen, beschränken sich die Sensordaten nicht nur auf den Transport, sondern schließen auch die dem Transport vorgelagerten Prozesse wie etwa Produktion oder Lagerung mit ein.[206] Diese Daten können ebenfalls beim Passieren der RFID-Schleuse oder über MDE-Geräte ausgelesen bzw. per Mobilfunk übermittelt werden. Auf diese Weise können qualitative Mängel aufgedeckt sowie Ursache und Verantwortliche bestimmt werden.[207]

3. Wareneinlagerung (S1.4 Transfer Product)

Die Wareneinlagerung beinhaltet das Einlagern von Waren in Lagerplätzen im Lager. Die Lagerplätze werden auf Basis von Einlagerungsstrategien bestimmt. Als Beispiele für Einlagerungsstrategien können die Lagerung nach Artikelgruppen oder das Zusammenlagerungsverbot für stark riechende und empfindliche Lebensmittel genannt werden.[208]

Zur Ermittlung der jeweiligen Einlagerungsstrategie sind Informationen zur einzulagernden Ware notwendig. Diese können bei der zuvor beschriebenen Warenkontrolle direkt vom RFID-Transponder und/oder über die auf dem Transponder gespeicherte Identifikationsnummer aus der Datenbank gelesen werden.[209] Wurden ein oder mehrere Lagerplätze ermittelt, wird der Transportauftrag zur Einlagerung elektronisch an die Lagermitarbeiter bzw. Förderfahrzeuge (z. B. Gabelstapler oder auch fahrerlose Transportsysteme (FTS)) kommuniziert.[210] Über ein RFID-Lesegerät am Förderfahrzeug kann bei jedem Transport sichergestellt werden, dass die richtige Ware zur Einlagerung aufgenommen wird. Positionsbestimmungssysteme navigieren den Gabelstaplerfahrer bzw. das FTS zum Lagerplatz über im Boden integrierte Transponder und das am Förderfahrzeug installierte RFID-Lesegerät.[211] Gleichzeitig ist jederzeit überprüfbar, welches Förderfahrzeug sich mit welcher Ware wo befindet. Bei Ankunft am Lagerplatz wird über RFID-Transponder, die am Regalplatz befestigt oder bei Blocklagern im Boden eingelassen sind, überprüft, ob es sich wirklich um den richtigen Einlagerungsplatz handelt. Fällt die Prüfung positiv aus, erfolgt die Einlagerung der Ware und die automatische Bestandsaktualisierung des Lagerplatzes im Lagerverwaltungssystem.[212]

Wareneinlagerung (S1.4 Transfer Product)

Fällt die Prüfung negativ aus, erhält der Lagermitarbeiter einen Warnhinweis (z. B. ein akustisches Signal oder eine Anzeige auf dem Bordcomputer des Gabelstaplers). Wird die Ware trotz Warnhinweis dennoch eingelagert, können durch die elektronische Dokumentation des Vorgangs auch zu einem späteren Zeitpunkt das Verschulden nachgewiesen und entsprechende Verbesserungsmaßnahmen eingeführt werden.[213] Neben der Kontrolle der richtigen Einlagerung, „weiß" jeder Lagerplatz, welche Waren in welcher Menge eingelagert sind. Manuelle Inventuren sind somit nicht mehr erforderlich und Fehlbestände werden sofort registriert. Bei Unterschreiten oder Erreichen bestimmter Mindestmengen können vom Lagerverwaltungssystem automatisch neue Waren bestellt werden.[214]

Im hier beschriebenen Prozess der Wareneinlagerung dienten als Fördermittel FTS bzw. Gabelstapler. Neben diesen Förderfahrzeugen kommen für den innerbetrieblichen Transport noch eine Reihe weiterer Fördermittel zum Einsatz. Eine Systematik der verschiedenen Fördermittel liefern *Jünemann* und *Schmidt*.[215] Die Möglichkeiten von RFID, Ware und Lagerplatz beim Aufnehmen bzw. Abladen zu verifizieren, sowie die Ware während des Transports zu lokalisieren, sind dabei analog zu betrachten.

Bei dem Einsatz von Förderanlagen und Sortern unterstützt RFID zudem die vollautomatisierte Sortierung von Waren nach dem jeweiligen Bestimmungsort anhand ihrer Identifikationsnummer. Für das Identifizieren ist, im Gegensatz zur Barcodetechnologie, die Ausrichtung der Ware nicht von Bedeutung, da keine direkte Sichtlinie zwischen dem Lesegerät am Sorter und dem Transponder auf der Ware erforderlich ist. „Eine händische und somit teure und zeitaufwendige Korrektur entfällt."[216]

Herstellen

Zu den relevanten Prozesselementen beim Herstellen zählen die Materialbereitstellung, die Produktion, das Verpacken und das Einlagern (vgl. Abbildung 15).

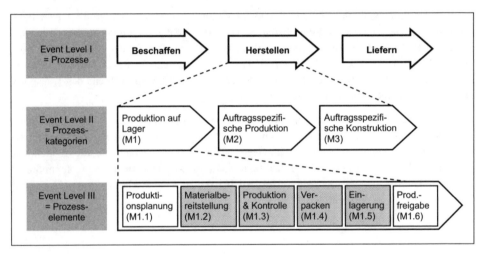

Abbildung 15: *Prozesselemente des Herstellungsprozesses*[217]

1. Materialbereitstellung (M1.2 Issue Product)

Die Materialbreitstellung[218] betrifft den Transport von Materialien[219] von vorgelagerten Bereichen (z. B. Wareneingang, Lager oder anderen Produktions- und Montagesystemen) zur Verwendungsstelle im jeweiligen Produktions- und Montagesystem. Es wird zwischen planerischen, steuernden und durchführenden Aufgaben unterschieden. Die Planung umfasst die Festlegung geeigneter Bereitstellungsstrategien, die organisatorische Gestaltung sowie die technische Auslegung. Die Steuerung beinhaltet alle Überwachungs- und Sicherungsaufga-

Materialbereitstellung (M1.2 Issue Product)

ben, und zu den durchführenden Aufgaben zählen alle physischen Vorgänge wie Lagern, Kommissionieren, Transportieren und Handling am Arbeitsplatz.[220]

Durch die Auswahl einer Bereitstellungsstrategie wird die konkrete Ausgestaltung der Materialbereitstellung bestimmt. Bullinger und Lung unterscheiden bedarfsgesteuerte (zusammengefasste Auftragskommissionierung, Gesamtauftragskommissionierung, Teilauftragskommissionierung, Einzelkommissionierung, Zielsteuerung (JIT) und Periodische Bereitstellung) von verbrauchsgesteuerten (Kanban, Mehr-Behälter-System und Handlager) Materialbereitstellungsstrategien.[221] Die Ausführungen beschränken sich an dieser Stelle auf die Materialbereitstellung nach Kanban.

Kanban wurde in den siebziger Jahren unter der Leitung des Vizepräsidenten der Toyota Motor Company in Japan entwickelt. Das Verfahren geht davon aus, dass sich jeder Prozess im Gegensatz zu einer zentralen Produktionsplanung selbst das benötigte Material holt (Pull-Prinzip). Dies wird auf einer Karte (japanisch Kanban) dokumentiert, die mit dem Material mitläuft. Der Einsatz der Kanban-Karte erfolgt jeweils zwischen einem teileverbrauchenden Bereich (Senke) und einem teileerzeugenden Bereich (Quelle) innerhalb eines Regelkreises. Trifft die Kanban-Karte bei der Quelle ein, beginnt diese, das geforderte Material bereit- bzw. herzustellen und in der vorgegebenen Menge in einem Behälter abzulegen. Behälter und Kanban-Karte werden zur Senke befördert, die bei Erreichen bzw. Unterschreiten eines bestimmten Mindestbestands an Waren in dem Behälter die Kanban-Karte entnimmt und zur Quelle zurückschickt – der Zyklus startet erneut. Neben der innerbetrieblichen Anwendung kann das Verfahren auch für den zwischenbetrieblichen Bereich zum Einsatz kommen.[222]

In einem elektronischen Kanban-System kann die RFID-Technologie zur Ermittlung der Bedarfe und zum werksinternen Tracking des Materialnachschubs verwendet werden.[223] Eine bereits bei einigen Standorten von Ford realisierte Umsetzung sieht wie folgt aus:[224] Die Monteure verwenden zur Anforderungen von Teilen „elektronische Bestellkarten". Dabei handelt es sich um mobile Geräte (WhereCall Tags), die mit einem Transponder ausgestattet und am entsprechenden Bedarfsort angebracht sind. Dem Tranponder ist eine Teilenummer zugeordnet. Benötigt der Monteur neue Teile, drückt er auf einen Knopf am mobilen Gerät, und der Transponder sendet die Teilenummer an das Nachschubsystem.

Die Teile werden in Rollcontainern befördert, die ebenfalls mit Transpondern versehen sind. In einer Datenbank werden bei der Befüllung des Rollcontainers mit Teilen der auf dem Chip gespeicherten Containernummer die jeweiligen Teilenummern zugeordnet. Damit ermittelt das Nachschubsystem den nächsten verfügbaren Teilevorrat und generiert zugleich einen Transportauftrag für die Werkslogistik.

Zur Lokalisierung der jeweiligen Bedarfsorte und der Rollcontainer sind an entsprechenden Stellen RFID-Lesegeräte installiert. Die Positionsbestimmung der verwendeten RFID-Transponder verläuft nach dem bereits im Kapitel „Beschaffen" beschriebenen Verfahren der Triangulation.

Nicht in die Definition von Materialien[225] fallen für Herstellung bzw. auch Wartung und Reparatur benötigte Werkzeuge.[226] Dennoch soll an dieser Stelle auf die Möglichkeiten der RFID-Technologie im Werkzeugmanagement eingegangen werden. Hier geht es im Wesentlichen darum, sicherzustellen, dass Werkzeuge am richtigen Arbeitsplatz eingesetzt und den Arbeitsplatzvorschriften entsprechend gepflegt werden. Zunehmend wird in Betrieben und Unternehmen erkannt, dass Betriebsmittel wie Werkzeuge wesentlichen Einfluss auf Qualität, Termintreue und Wirtschaftlichkeit haben.[227] „Neben den Potenzialen zur Kostensenkung und Sicherheitserhöhung werden sich unter anderem aus der Verlängerung der Gewährleistung auf 24 Monate durch das neue EU-Schuldrecht neue Anforderungen an den Werkzeugbau ergeben."[228] Das Bundesamt für Sicherheit in der Informationstechnik geht davon aus, dass Werkzeugbaubetriebe zukünftig Verschleißteile und ihre Lebensdauer eindeutig definieren und nur dann Haftung übernehmen werden, wenn eine fachgerechte Instandhaltung durchgeführt und nachgewiesen wird.[229]

Sind Werkzeuge mit RFID-Transpondern gekennzeichnet und der Werkzeugkasten mit einem RFID-Lesegerät ausgestattet, kann dieser automatisch seinen Inhalt überprüfen. Dadurch lässt sich festhalten, wie häufig und wie lange ein Werkzeug verwendet wurde, ob der Werkzeugkasten vollständig ist und ob eventuell ein falsches Werkzeug in den Werkzeugkasten hineingelegt wurde.[230]

Ähnlich wie der Werkzeugkasten kann auch die Werkzeugausleihe die RFID-Technologie nutzen. Eine Anwendung eines Ausleihsystems für Werkzeuge ist insbesondere dann sinnvoll, wenn mehrere Mitarbeiter dieselben Werkzeuge verwenden. Das System verwaltet, wann welcher Mitarbeiter ein Werkzeug entliehen hat, und erinnert diesen gegebenenfalls (z. B. per SMS) an die Rückgabe.[231]

Durch das Tracking der Werkzeuge kann anhand der Nutzungsdaten bestimmt werden, wann ein Werkzeug vor dem Verschleiß zu ersetzen bzw. zu warten ist. Eine aufwendige Kontrolle durch den jeweiligen Mitarbeiter entfällt, und durch die genaue Lokalisierung der Werkzeuge entfallen darüber hinaus zeitaufwendige Suchaktionen.[232]

Auf eine Untersuchung der möglichen Anwendungsbereiche von RFID bei der Auslagerung, der Kommissionierung und dem innerbetrieblichen Transport wird hier im Rahmen der Bereitstellung von Materialien und Werkzeugen verzichtet, da diese bereits erläutert wurden bzw. noch an anderer Stelle erläutert werden.

2. Produktion und Kontrolle (M1.3 Produce and Test)

Aufgaben der Produktion sind die Kombination von Produktionsfaktoren und ihre Transformation in materielle Güter und Dienstleistungen.[233] Für die Belange dieser Ausarbeitung ist insbesondere die industrielle Produktion von materiellen Gütern von Relevanz. Diese vollzieht sich bei Rohstoff- oder Urproduzenten, bei Herstellern von Zulieferteilen oder Fertigprodukten und bei Recycling-Unternehmen.[234]

Die Instandhaltung der Produktionsanlagen liefert einen wichtigen Beitrag zum reibungslosen Produktionsablauf. Sie umfasst Inspektion, Wartung, Instandsetzung, das Organisieren dieser Maßnahmen sowie das vorgelagerte Erfassen und Auswerten von Befunden, Schäden und Störungen.[235]

Der im Kapitel „Beschaffen" beschriebene Einsatz von RFID-Transpondern mit Sensorfunktion eignet sich nicht nur zur Überwachung von Produkten, sondern auch von Produktionsanlagen und weiteren Betriebsmitteln. Sensordaten zum Zustand von Produktionsanlage bzw. einzelnen Maschinen (z. B. Temperatur, Beschleunigung, Abnutzung) können auf den RFID-Transponder gespeichert werden. Beim Erreichen zuvor definierter Grenzwerte (z. B. Maximaltemperatur, Maximalbeschleunigung, Haltbarkeitsstufen) können per Mobilfunk Signale gesendet und gegensteuernde Maßnahmen angestoßen werden.[236]

Durch RFID-Transponder gekennzeichnete Maschinen bzw. Maschinenbestandteile können während der Durchführung von Instandhaltungsmaßnahmen eindeutig identifiziert werden. Dem Mitarbeiter werden zu dem identifizierten Objekt auf seinem MDE-Geräte alle durchzuführenden Aktivitäten, Wartungshistorie, Statusreports und ggf. gesammelte Sensordaten sowie die benötigten Kapitel der digitalen Wartungshandbücher angezeigt. Um auszuschließen, dass einzelne Aktivitäten vergessen werden, bestätigt der Mitarbeiter über das MDE-Gerät jede durchgeführte Aktivität und aktualisiert automatisch die Wartungshistorie.[237]

Wurden Produktionsanlagen bzw. Maschinen bei den Instandhaltungsmaßnahmen in Einzelteile zerlegt, können Sensoren sicherstellen, dass sie auch wieder richtig zusammengesetzt wurden.[238]

Auch bei der Umrüstung von Maschinen und Produktionsanlagen kann RFID helfen, Fehler zu vermeiden. Sind beispielsweise die Werkzeuge in einem Werkzeugmagazin einer CNC-Maschine (CNC = Computerized Numerical Control) mit Transpondern versehen, auf denen der Werkzeughersteller alle relevanten Werkzeugdaten gespeichert hat, kann die Maschine nach Neubestückung automatisch die Werkzeuge den Magazinplätzen zuordnen und die Werkzeugdaten in die Werkzeugverwaltung der CNC-Maschine übertragen. Fehler bei der manuellen Dateneingabe durch einen Mitarbeiter werden vermieden und Fehler durch falsches Bestücken rechtzeitig aufgedeckt.[239]

Die Möglichkeiten der RFID-Technologie bei der Produktion lassen sich beispielhaft anhand der Automobilindustrie darstellen. Die automatische Materialflussverfolgung stellt hier mittlerweile eine der wichtigsten Voraussetzungen dar, da nur noch auftragsgebunden produziert wird und zwei bestellte Fahrzeuge selten identisch sind.[240] Potenziale der RFID-Technologie werden dabei insbesondere im Konfigurationsmanagement und bei der Durchführung von Qualitätskontrollen während des Zusammenbaus gesehen.[241]

Bereits im frühen Stadium der Produktion wird dem Produkt eine Identifikationsnummer zugewiesen, die auf einem RFID-Transponder entweder direkt an der Rohkarosserie oder am Träger des Transportsystems gespeichert wird. Da die Transponder beim Einbrennen des Lackes Temperaturen von ca. 220 °C ausgesetzt sind, ist der Einsatz von robusten und somit auch kostenintensiven Transpondern erforderlich. Aus diesem Grund werden die Transponder meist am Träger angebracht und samt Träger immer wieder verwendet.[242]

Über die Identifikationsnummer lässt sich das jeweilige Produkt an jeder einzelnen Arbeitsstation eindeutig identifizieren und der gesamte Fertigungsprozess steuern. Informationen zu den zu verrichtenden Arbeitsschritten, den benötigten Baugruppen, der Farbwahl, der Motorvariante usw. können entweder direkt vom RFID-Transponder oder über die Identifikationsnummer aus einer zentralen Datenbank[243] gelesen und an die ausführenden Personen oder Automaten weitergeleitet werden. Sind die zu montierenden Anbauteile ebenfalls durch RFID-Transponder identifizierbar, kann automatisch die Vollständigkeit und Richtigkeit der montierten Anbauteile im jeweiligen Arbeitsschritt überprüft werden.[244] Im Rahmen eines optimalen Qualitätsmanagements ist möglichst jeder einzelne Prozessschritt zu dokumentieren. Analog zum vorherigen Auslesen, können diese Informationen auf dem Transponder oder in die Datenbank geschrieben werden.[245] Der korrekte Einbau ist insbesondere bei sicherheitsrelevanten Teilen wie etwa Airbags und Prallschutzelementen wichtig. Die Dokumentation des Einbaus ist bei diesen Komponenten teilweise gesetzlich vorgeschrieben.[246] Durch die Verknüpfung der Informationen zu den verbauten Komponenten mit dem Endprodukt umfasst die Historie des Endproduktes auch die Historie der Ausgangsprodukte und ähnelt einem Stammbaum.[247] Diesen Vorgang bezeichnet man als Vererbung. Liegen exakte Daten über die Konfiguration jedes Autos vor, können Rückrufaktionen viel gezielter, unauffälliger und billiger durchgeführt werden. Diese umfassen häufig ganze Produktionsserien, obwohl nur wenige Exemplare eines Bauteils von einem Fehler betroffen sind.[248]

Neben der Verbesserung von Konfigurations- und Qualitätsmanagement ermöglicht RFID die lückenlose Überwachung des Produktionsfortschritts. Somit lassen sich genauer „Flaschenhälse" in der Produktion identifizieren und Auslieferungszeiten bzw. -verzögerungen bestimmen.[249]

Wurden die Daten zunächst auf einem Transponder am Träger des Transportsystems gespeichert, können sie nach Fertigstellung auf einen RFID-Transponder direkt am Fahrzeug übertragen werden. Durch die eindeutige Identifikation des Fahrzeuges ist es später beispielsweise in einem Servicestützpunkt möglich, zweifelsfreie Informationen zu den eingesetzten Baugruppenversionen für die Ersatzteilbeschaffung zu beziehen.[250]

3. Verpacken (M1.4 Package)

In der Literatur wird zwischen Packstück- und Ladeeinheitenbildung unterschieden. Ein Packstück setzt sich aus dem zu verpackenden bzw. bereits verpackten Packgut (z. B. Produkt) sowie Packmittel (z. B. Schachteln, Kisten, Säcke, Fässer, Flaschen) und Packhilfsmitteln (z. B. Klebeband, Spanring, Polster) zusammen. Zur effizienteren Gestaltung von Umschlag, Transport und Lagerung der Stückgüter werden die Packstücke zu Ladeeinheiten zusammengefasst. Hierbei werden Ladehilfsmittel (z. B. Palette, Gitterbox, Container) und Ladeeinheitensicherungen (z. B. Stahlband, Schrumpffolie, Zurrgurte) verwendet.[251] In dieser Arbeit wird unter Verpacken sowohl Packstück- als auch Ladeeinheitenbildung verstanden. Als gemeinsame Funktionen der Packstück- und Ladeeinheitenbildung lassen sich Schutzfunktion, Lager- und Transportfunktion, Verkaufsfunktion sowie Identifikations- und Informationsfunktion herausstellen.[252]

Viele der verwendeten Pack- und Ladehilfsmittel (z. B. Fässer, Gasflaschen, standardisierte Behälter wie Paletten, Gitterboxen und Container sowie Spezialbehälter wie Motorengestelle oder Bremsteilebehälter) stellen Mehrwegbehälter dar, deren Verfügbarkeit eine wichtige Voraussetzung für den Transport von Gütern sowie die Teileversorgung der Produktion ist.[253] Störende Einflussfaktoren auf die Verfügbarkeit sind unter anderem:

- die verzögerte Rückgabe von Behältern, die an Dritte verliehen wurden,
- der physische Zustand der Behälter und
- Schwund.[254]

Um dennoch die notwendige Verfügbarkeit zu gewährleisten, halten Unternehmen mehr Behälter vorrätig, als eigentlich für den Betrieb notwendig sind.[255]

Im Rahmen des Behältermanagements wird versucht sicherzustellen, dass die benötigten Ladehilfsmittel jederzeit und in einem guten Zustand verfügbar sind, gleichzeitig aber der Bestand an Ladehilfsmittel so gering wie möglich ist.[256] Das Tracking der Behälter mittels RFID kann helfen, diese Ziele zu erreichen. Verzögerungen im Umlauf lassen sich aufdecken und nicht mehr benötigte Behälter zur Verwendung freigeben. Durch das Protokollieren jeder Verwendung können Ursachen für Schwund aufgedeckt, nutzungsabhängige Wartungen angestoßen und regelmäßige Reinigungen sichergestellt werden. Indem Auslastung und Verfügbarkeit der Behälter über längere Zeit überwacht werden, ist es möglich, effiziente Behälterbestände zu ermitteln. Die eindeutige Identifizierung der Behälter erleichtert zudem die Bereitstellung und Rückführung der richtigen Behälter, speziell in gemischten Behälterpools.[257]

Das Verpacken selbst geschieht unter Berücksichtigung bestimmter Packvorschriften – oft auch in mehreren Schritten (z. B. 10 Asperintabletten in eine Stiege, 2 Stiegen in eine Schachtel, 320 Schachteln in einen Karton und 50 Kartons auf eine Palette) – entweder automatisch oder manuell. Die Packvorschrift legt fest, welche Materialien in welcher Menge wie zu verpacken sind. Einflussfaktoren auf die Packvorschrift sind unter anderem: Anforderungen des zu verpackenden Objektes, des Kunden, der Transport- und Umschlagmittel, der Lagermenge, der wirtschaftlichen Bestellmenge usw. Eine allgemein gültige Festlegung dieser teils konkurrierenden Anforderungen existiert nicht.[258]

Das Auslesen bzw. Beschreiben der RFID-Transponder auf Produkten, Packmitteln und Ladehilfsmitteln kann beim manuellen Verpacken über stationäre Lesegeräte, MDE-Geräte oder gar über ein Lesegerät im Handschuh[259] des Mitarbeiters und beim automatischen Verpacken über stationäre Lesegeräte am Förderband bzw. am Verpackungsautomaten erfolgen. Durch die eindeutige Identifizierung des zu verpackenden Objektes sowie der Verpackung lassen sich Informationen zur Findung der Packvorschrift heranziehen. Durch das Scannen beim Packen selbst werden die Verpackungshierarchie[260] erfasst und Packfehler sofort erkannt. Informationen zur Verpackungshierarchie, Herstellungs- und Haltbarkeitsdatum etc. werden gleich beim Packen auf den RFID-Transponder oder in die Datenbank geschrieben.[261]

4. Einlagerung (M1.5 Stage Product)

Nach dem Verpacken erfolgt überwiegend die Einlagerung der Produkte. Die Einsatzmöglichkeiten der RFID-Technologie sind hier identisch wie bei der Wareneinlagerung im Beschaffungsprozess und werden daher nicht wiederholt erörtert.

Liefern

Die zu untersuchenden Prozesselemente des Auslieferungsprozesses bilden das Kommissionieren, das Verpacken, das Verladen und das Erstellen eines Versanddokumentes sowie der Transport (vgl. Abbildung 16).[262]

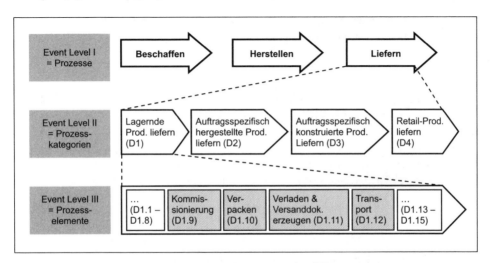

Abbildung 16: *Prozesselemente des Auslieferungsprozesses*[263]

1. Kommissionieren (D1.9 Pick Product)

Kommissionierung bezeichnet die auf Bedarfsinformationen oder Aufträgen basierende Zusammenstellung bestimmter Teilmengen (Waren) aus einer bereitgestellten Gesamtmenge (Sortiment). Die Waren bzw. Artikel werden von ihrem lagerspezifischen in einen verbrauchsspezifischen Zustand umgewandelt. Der Kommissionierung sind in der Regel eine Lagerfunktion vor- und eine Verbrauchsfunktion nachgelagert. Hier stellt die Verbrauchsfunktion die weiteren Prozesselemente der Auslieferung dar. Aber auch im Rahmen der Materialbereitstellung im Herstellungsprozess finden Kommissionieraktivitäten statt.[264]

Die Kommissionierung kann entweder durch das Personal oder unter alleinigem Einsatz von Automaten (Kommissionierautomaten, Kommissionierroboter) durchgeführt werden. Bei der Kommissionierung durch Personal können zwei Prinzipien unterschieden werden:

- Beim Prinzip „Mann-zur-Ware" sucht der Kommissionierer die Lagerplätze der zusammenzustellenden Artikel auf und entnimmt die jeweils benötigte Teilmenge.

- Beim Prinzip „Ware-zu-Mann" wird die Lagereinheit meist von automatisierten Förderfahrzeugen zum Kommissionierer transportiert, der die benötigte Teilmenge entnimmt. Der verbleibende Rest der Lagereinheit wird anschließend wieder zurücktransportiert.[265]

Nach der Kommissionierung stehen die Waren bzw. Artikel für ihre weitere Verwendung zur Verfügung. Das heißt, in der Regel werden sie zum Versandplatz (oder in die Produktion) auslagert.[266]

Analog zu den beschriebenen Anwendungen bei der Wareneinlagerung vermag die RFID-Technologie auch die Kommissionierung zu unterstützen. Durch die eindeutige Identifikation der Waren können Auslagerungsstrategien ermittelt und umgesetzt werden. Lagermitarbeiter bzw. FTS oder Kommissionierautomaten lassen sich zuverlässig zum Lagerplatz der benötigten Ware navigieren. Das Aufnehmen der Ware am Lagerplatz bzw. das Abladen der Ware z. B. am Versandplatz werden verifiziert und die Auslagerung gebucht.[267]

2. Verpacken (D1.10 Pack Product)

Die nach der Produktion bereits verpackten Waren sind unter Umständen auftragsspezifisch neu zusammenzustellen.[268] Dies kann entweder direkt am Versandplatz oder bereits während der Kommissionierung vorgenommen werden. Erfolgt die Verpackung während der Kommissionierung, verbleibt die Ware im Kommissionierbehälter, der dann als Versandverpackung weiterverwendet wird.[269] Alternativ kann die Ware beim Kommissionieren direkt in Versandverpackungen eingelegt werden (Pick- und Pack-Kommissionierung).[270]

3. Verladen und Versanddokumente erzeugen (D1.11 Load Product & Generate Shipping Docs)

Bei der Versandabwicklung werden die verpackten Teilkommissionen auf ein oder mehrere Versandfelder oder in eine Sammelzone transportiert und von dort aus vom Versandmitarbeiter auf das entsprechende Transportmittel verladen. Beim Verladen findet eine quantitative Kontrolle der kommissionierten Waren mit anschließender Bestandsbuchung und Lieferscheinerstellung statt.[271] Das Verladen schließt mit dem Versand eines Lieferavis an den Warenempfänger ab.[272] Ein Avis bzw. Lieferantenavis stellt eine Mitteilung des Lieferanten an den Warenempfänger über den voraussichtlichen Liefertermin und die Liefermenge dar, „die im Falle der elektronischen Kommunikation unter Beachtung des Standards EDIFACT als Liefermeldung (DESADV), eine Art elektronischer Lieferschein, bezeichnet wird."[273] Lieferantenavise bieten somit aktuellere Daten als Bestellungen und ermöglichen eine genauere Planung der Wareneingänge beim Warenempfänger.[274]

Analog zur Warenannahme und -kontrolle im Beschaffungsprozess werden die Waren beim Verladen ebenfalls durch eine RFID-Schleuse geschoben, über die RFID-Transponder identifiziert und mengenmäßig erfasst. Ein im LKW angebrachtes RFID-Lesegerät kann parallel prüfen, ob die korrekten Waren in der richtigen Menge eingeladen werden. Fehlladungen werden somit unterbunden.[275] Während des Verladens werden die gescannten RFID-Daten zu einem Lieferschein integriert, der auf einen Transponder am LKW geschrieben wird. Durch das Scannen des Transponders am LKW erfolgt eine Zuordnung der Waren zum LKW. Auf den gescannten RFID-Daten basierend verbucht das Lagerverwaltungssystem den Warenausgang und versendet ein Lieferantenavis an den Warenempfänger und bei Bedarf einen Zollbescheid an die Zollstelle.[276]

4. Transport (D1.12 Ship Product)

Der Transport von Waren dient der Überwindung räumlicher Distanzen und führt somit zu einer Ortsveränderung des Transportgutes. Unterschieden werden innerbetrieblicher Transport als Transport innerhalb eines Standortes, eines Werkes oder einer Produktionsstätte und außerbetrieblicher Transport als Transport zwischen Lieferanten und Unternehmen bzw. zwischen Unternehmen und Kunden.[277] Da die innerbetrieblichen Materialflüsse bereits diskutiert wurden, beschäftigen sich anschließende Ausführungen nur mit dem außerbetrieblichen Transport.

Unter Umständen sind während des Transports der Waren ein oder mehrere Umschläge oder bei Grenzüberschreitungen Zollabfertigungen notwendig.[278] Ein Umschlag stellt zunächst ein Umladen von einem Transportmittel auf ein anderes dar. Dies kann strategisch bedingt sein, wenn etwa die dezentrale Bereithaltung von Waren erforderlich ist. Es können aber auch taktische Gründe für einen Umschlag sprechen. So können beispielsweise Waren von verschiedenen Fertigungsstandorten zunächst zu einem Distributionszentrum transportiert werden, wo sie nach Kundenaufträgen zusammengefasst und dann weiter versendet werden.[279]

Durch die logische Verknüpfung von Ware und Transportmittel beim Verladen können mit Hilfe satellitengesteuerter Systeme wie beispielsweise GPS Informationen zum Verlauf und zum aktuellen Aufenthaltsort einer Sendung in Echtzeit eingeholt und damit eine lückenlose Transportüberwachung erreicht werden.[280] Die Einsatzgebiete der RFID-Technologie beim Umschlag bzw. Zwischenlagern der Waren können äquivalent zu den Ausführungen in den vorherigen Kapiteln gesehen werden.[281] Ist bei einer Grenzüberschreitung eine Zollabfertigung erforderlich, lassen sich mittels RFID Zeitersparnisse erreichen, indem die Waren über die RFID-Transponder identifiziert und automatisch mit den Angaben auf dem Zollbescheid verglichen werden.[282]

Zusammenfassung

1. Dimensionen der Datenqualität

Als Datenlieferant des MSCEM ist der entscheidende Effekt des Einsatzes der RFID-Technologie in den geschilderten Anwendungsszenarien die verbesserte Qualität der Daten. Diese setzt sich aus folgenden vier Dimensionen zusammen:[283]

- *Zeit.* Die sinkenden Kosten der Datenerfassung[284] ermöglichen eine Erhöhung der Häufigkeit der Datenerhebung auf der Zeitachse. Darüber hinaus verkürzt sich die Zeitspanne zwischen Datenerfassung und Datenbereitstellung.
- *Objekt.* Weiter sinkende Transponderpreise ermöglichen die Kennzeichnung immer kleinerer und weniger wertvollerer Objekte.
- *Ort.* Durch die sinkenden Kosten der Datenerfassung findet diese nicht nur zeitlich öfter statt, sondern zudem an mehren Orten.
- *Inhalt.* Die vierte Dimension der Datenqualität, die mittels RFID erhöht werden kann, ist der Inhalt bzw. die Datenvielfalt der automatisch erfassten Daten. So wurde gezeigt, dass neben der Identifikationsnummer auch weitere Informationen, wie etwa Qualitätsdaten, nächste Produktionsschritte etc. sowie durch integrierte Sensoren erfasste Informationen aus der Umwelt des logistischen Objektes, auf diesem geschrieben bzw. von diesem ausgelesen werden können.

Eine grafische Veranschaulichung der Dimensionen der Datenqualität bietet Abbildung 17.

Wie bereits zuvor erwähnt, bewirkt der Einsatz der RFID-Technologie neben der Erhöhung der Datenqualität für das MSCEM noch weitere Effekte in den jeweiligen Prozesselementen. Nachfolgende Tabellen 7, 8 und 9 fassen nochmals für die jeweiligen Prozesse die RFID-Anwendungsszenarien und die resultierenden direkten Effekte zusammen.

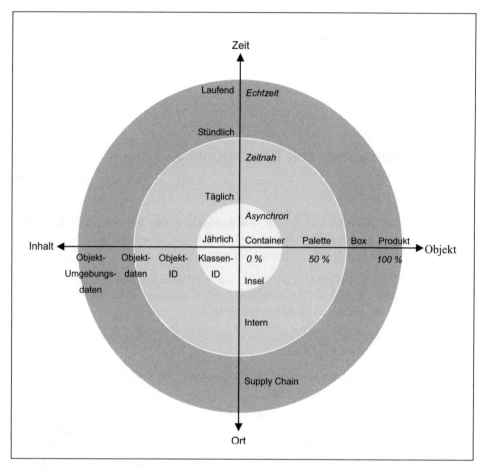

Abbildung 17: *Dimensionen der Datenqualität*[285]

2. Übersicht der Anwendungsszenarien

Prozesselemente	Anwendungsszenarien	Effekt
Warenannahme (S. 1.2)	■ autom. Erfassung der Lieferankunft ■ autom. Abgleich zw. Liefer- und Bestelldaten ■ Unterstützung bei der Ansteuerung der Entladestelle ■ genaue Lokalisierung von Ware und LKW auf dem Werksgelände	■ verbesserte Datenqualität ■ zunehmende Automatisierung ■ Prozessbeschleunigung ■ Fehlervermeidung ■ Vermeidung von Suchaktionen bei Outdoor-Lagerung
Warenkontrolle (S 1.3)	■ autom. Mengenkontrolle ■ autom. Qualitätskontrolle ■ autom. Abgleich der Lieferdaten mit tatsächlich gelieferten Waren	■ verbesserte Datenqualität ■ zunehmende Automatisierung ■ Prozessbeschleunigung ■ Fehlervermeidung ■ Aufdecken von qualitativen Mängeln und Schwund sowie deren Ursache
Wareneinlagerung (S. 1.4)	■ autom. Sortieren ■ Verifizierung von Ware und Lagerplatz beim Aufnehmen und Ablegen von Ware ■ Navigation durchs Lager ■ Lokalisierung von Waren, Förderfahrzeugen und Mitarbeitern ■ autom. Bestandsaktualisierung und -kontrolle ■ Überwachung des Lagerplatzes (Sensorik) ■ autom. Nachbestellung	■ verbesserte Datenqualität ■ zunehmende Automatisierung ■ Prozessbeschleunigung ■ Fehlervermeidung ■ Aufdecken von qualitativen Mängeln und Schwund sowie deren Ursache ■ Vermeidung von Out-Of-Stocks

Tabelle 7: Zusammenfassung der Anwendungsszenarien – Beschaffung

Prozesselemente	Anwendungsszenarien	Effekt
Materialbereitstellung (M 1.2)	Elektron. Kanban ■ Lokalisierung von Materialien und Materialbedarf ■ autom. Materialnachschub Werkzeugmanagement ■ autom. Erfassung der Nutzungshistorie ■ autom. Überprüfung der Vollständigkeit des Werkzeugkastens ■ Entleihkontrolle	Elektron. Kanban ■ verbesserte Datenqualität ■ zunehmende Automatisierung ■ Prozessbeschleunigung ■ Fehlervermeidung ■ Aufdecken von qualitativen Mängeln und Schwund sowie deren Ursache ■ bedarfsgerechte Materialverfügbarkeit Werkzeugmanagement ■ verbesserte Datenqualität ■ zunehmende Automatisierung ■ Prozessbeschleunigung ■ Fehlervermeidung ■ Vermeidung von Suchaktionen ■ Aufdecken von Schwund und Schwundursache
Produktion und Kontrolle (M 1.3)	Instandhaltung der Produktionsanlagen ■ Überwachung und Dokumentation des Zustandes der Produktionsanlagen (Sensorik) ■ autom. Identifikation einzelner Maschinenbestandteile ■ Steuerung, Überwachung und Dokumentation der Instandhaltungsmaßnahmen ■ autom. Kontrolle bei Zusammenbau der Produktionsanlage bzw. Werkzeugbestückung von Maschinen Produktion ■ autom. Prozesssteuerung ■ autom. Prozessüberwachung ■ autom. Prozessdokumentation	Instandhaltung der Produktionsanlagen ■ verbesserte Datenqualität ■ zunehmende Automatisierung ■ Prozessbeschleunigung ■ Fehlervermeidung ■ Erhöhung der Sicherheit Produktion ■ verbesserte Datenqualität ■ zunehmende Automatisierung ■ Prozessbeschleunigung ■ Fehlervermeidung ■ Unterstützung der Massenindividualisierung

Verpacken (M 1.4)	Packprozess ■ autom. Packen ■ autom. Überwachung des Packprozesses ■ autom. Erfassung der Packhierarchie Behältermanagement ■ autom. Identifikation bei Bereitstellung und Rückführung ■ autom. Erfassung der Nutzungshistorie ■ autom. Anstoßen von Reinigungs- und Wartungsarbeiten	Packprozess ■ verbesserte Datenqualität ■ zunehmende Automatisierung ■ Prozessbeschleunigung ■ Fehlervermeidung Behältermanagement ■ verbesserte Datenqualität ■ zunehmende Automatisierung ■ Aufdecken von Schwund und Schwundursache ■ verbesserte Verfügbarkeit der Behälter
Einlagerung (M 1.5)	■ autom. Sortieren ■ Verifizierung von Ware und Lagerplatz beim Aufnehmen und Ablegen von Ware ■ Navigation durchs Lager ■ Lokalisierung von Waren, Förderfahrzeugen und Mitarbeitern ■ autom. Bestandsaktualisierung und -kontrolle ■ Überwachung des Lagerplatzes (Sensorik) ■ autom. Nachbestellung	■ verbesserte Datenqualität ■ zunehmende Automatisierung ■ Prozessbeschleunigung ■ Fehlervermeidung ■ Aufdecken von qualitativen Mängeln und Schwund sowie deren Ursache ■ Vermeidung von Out-Of-Stocks

Tabelle 8: Zusammenfassung der Anwendungsszenarien – Herstellung

Prozesselemente	Anwendungsszenarien	Effekt
Kommissionierung (D 1.9)	■ autom. Sortieren ■ Verifizierung von Ware und Lagerplatz beim Aufnehmen und Ablegen von Ware ■ Navigation durchs Lager ■ Lokalisierung von Waren, Förderfahrzeugen und Mitarbeitern ■ autom. Bestandsaktualisierung und -kontrolle	■ verbesserte Datenqualität ■ zunehmende Automatisierung ■ Prozessbeschleunigung ■ Fehlervermeidung ■ Aufdecken von qualitativen Mängeln und Schwund sowie deren Ursache
Verpacken (D 1.10)	■ autom. Packen ■ autom. Überwachung des Packprozesses ■ autom. Erfassung der Packhierarchie	■ verbesserte Datenqualität ■ zunehmende Automatisierung ■ Prozessbeschleunigung ■ Fehlervermeidung
Verladen und Versanddokumente erzeugen (D 1.11)	■ autom. Mengenkontrolle ■ autom. Qualitätskontrolle ■ autom. Abgleich der Lieferdaten mit tatsächlich gelieferten Waren ■ autom. Versand von Lieferantenavis und Zollbescheid auf Basis der RFID-Daten	■ verbesserte Datenqualität ■ zunehmende Automatisierung ■ Prozessbeschleunigung ■ Fehlervermeidung ■ Aufdecken von qualitativen Mängeln und Schwund sowie deren Ursache
Transport (D 1.12)	■ autom. Transportüberwachung durch Verknüpfung von Ware und Transportmittel ■ autom. Mengenkontrolle beim Zoll ■ autom. Überwachung und Dokumentation des Zustands der Ware während des Transports (Sensorik) ■ autom. Dokumentation und Überwachung von Warenumschlägen	■ verbesserte Datenqualität ■ zunehmende Automatisierung ■ Prozessbeschleunigung ■ Fehlervermeidung ■ Aufdecken von qualitativen Mängeln und Schwund sowie deren Ursache

Tabelle 9: *Zusammenfassung der Anwendungsszenarien – Auslieferung*

Teil III

Verbreitung

Derzeitige Entwicklung

Als typische Querschnittstechnologie liegen die Anwendungspotenziale von RFID in nahezu allen Lebens- und Wirtschaftsbereichen. Aussagekräftige amtliche Statistiken zur Verbreitung in den unterschiedlichen volkswirtschaftlichen Sektoren und Anwendungsgebieten liegen nicht vor. Einzelne Studien und Berichte von Beratungs- und Marktforschungsunternehmen beschränken sich häufig nur punktuell auf einzelne Volkswirtschaften, Branchen und Anwendungsgebiete. Die dabei zugrunde liegenden Daten, Erhebungsmethoden und Marktabgrenzungen sind sehr unterschiedlich, nicht immer transparent und somit nicht miteinander vergleichbar. Dennoch sollen die Ergebnisse einiger Studien vorgestellt werden, um sich zumindest einen Eindruck von der gegenwärtigen Situation zu verschaffen. Einen Überblick über die verwendeten Studien und zitierten Ergebnisse wird in Tabelle 36 im Anhang gegeben.

1. Investitionsbereitschaft der Unternehmen

Im April 2004 berichtete die britische Unternehmens- und IT-Beratungsgruppe LogicaCMG nach einer RFID Benchmark Studie mit 50 europäischen Unternehmen, RFID stünde vor dem Durchbruch.[286] Im Juni 2004 beurteilt Booz Allen Hamilton in einer gemeinsamen Studie mit der Universität St. Galen die Marktchancen deutlich vorsichtiger. In der empirischen Studie wurden weltweit 30 Großunternehmen aus Deutschland, Frankreich, Österreich, Schweiz, Großbritannien und den USA untersucht, wobei sowohl Transport- und Logistikanbieter als auch Anwender aus der Automobilindustrie im Vordergrund standen.[287] Der Studie zufolge rechnet sich der Einsatz von RFID derzeit insbesondere nur da, wo aufgrund hoher Nachweispflicht höchste Prozesssicherheit erforderlich ist und zudem die Wiederverwertbarkeit der Transponder durch einen geschlossenen Logistikkreislauf (Close-Loop-System) gewährleistet wird. In der Anwendung solcher geschlossenen Systeme ist die Automobilindustrie führend, die bereits seit über zehn Jahren entsprechende Anwendungen in der Produktionskontrolle einsetzt. Hingegen kommen offene Systeme (Open-Loop-System) aufgrund der hohen Investitionen für Transponder, Reader Infrastruktur und Systemintegration noch nicht auf ein ertragreiches Kosten-Nutzen-Verhältnis (vgl. Abbildung 18).

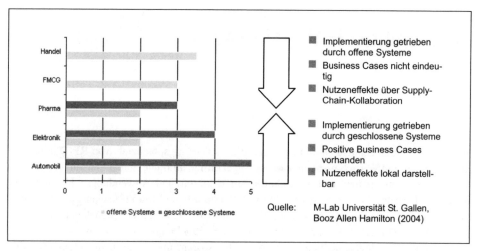

Abbildung 18: RFID-Roll-Out-Strategien je Industriesegment (2004)[288]

Der Einsatz der RFID-Technologie in den offenen Systemen wird laut Studie mehr durch die proaktive Vermarktung der Technologie und die Marktmacht des Handels als durch klare Wirtschaftlichkeitsüberlegungen vorangetrieben. Den Untersuchungsergebnissen zufolge sind die Investitionen vergleichsweise niedrig und gehen über kleinere Pilotprojekte selten hinaus.

Von niedriger Investitionsbereitschaft berichtet auch die im Juli 2005 erschienene Studie „RFID Technology Assessment: 2005-2007: Where ist the ROI?" des Marktforschungsunternehmens AMR Research. Die Studie basiert auf einer im April 2005 durchgeführten Befragung von 500 Unternehmen. Ihr zufolge werden moderate Wachstumsraten der Investitionen für den Einsatz von RFID erwartet: 16 % von 2005 bis 2006 und 20 % für das Folgejahr. Es wird damit gerechnet, dass das durchschnittlich bereitgestellte Budget der Unternehmen von 548.000 US-Dollar in 2005 auf lediglich 771 000 US-Dollar in 2007 ansteigen wird.[289]

Laut Studie befindet sich RFID erst bei 8 % der befragten Unternehmen im vollen Einsatz, während 61 % der Unternehmen planten, RFID in 2005 zu evaluieren, zu pilotieren oder zu implementieren (vgl. Abbildung 19).

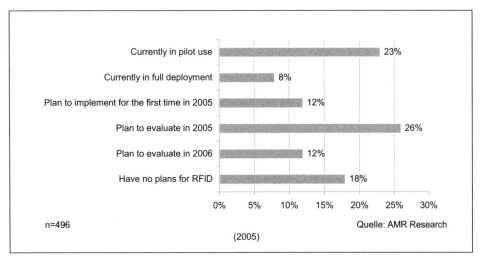

Abbildung 19: Stand des RFID-Einsatzes (2005)[290]

2. Bedarf an RFID Implementierungen

Nach einer Befragung des LOG-IT-Clubs e.V. im März/April 2005 sehen die meisten der 150 befragten Unternehmen aus der Informationslogistik- und E-Logistics-Branche die RFID-Technologie vor allem als Prozess- und Problemlöser bei der Rückverfolgung von Waren und im Bereich des Supply Chain Event Managements. Auch der Bereich des Behältermanagements wird von 40 % der Unternehmen als Einsatzbereich der RFID-Technologie gesehen (vgl. Abbildung 20). Bestätigt wird diese Einschätzung hier von aktuellen Anwendungen aus der Industrie, in denen bereits durch den Einsatz von RFID Vorteile gegenüber traditionellen Auto-ID-Technologien abgeschöpft werden können.[291]

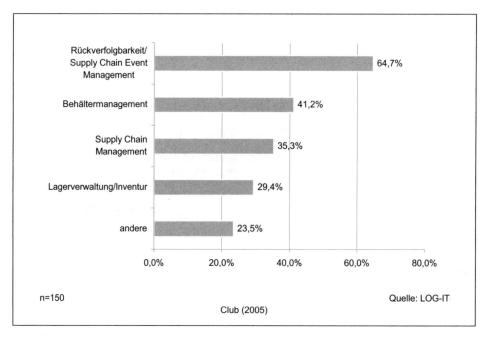

Abbildung 20: *Prozesse/Probleme, die durch RFID effizient gelöst/unterstützt werden*[292]

Im Rahmen einer im April 2004 durchgeführten Studie der Unternehmensberatung Accenture gewichteten Entscheidungsträger von 80 größeren Herstellern aus den USA, Großbritannien, Deutschland und Frankreich den Bedarf an einer RFID-Implementierung in verschiedenen Anwendungsgebieten. Von 54 % der Befragten wurde der Bereich Track & Trace mit höchster Priorität bewertet. Mit ähnlich hohen Ergebnissen wurde der Bedarf im Warehouse Management (53 %), Transport and Logistics (52 %) und Inventory Management (49 %) gewichtet (vgl. Abbildung 21).[293] Auch hier wird somit der Rückverfolgbarkeit hohe Bedeutung beigemessen. Eine Studie, in der explizit und branchenübergreifend herausgestellt wird, wie weit RFID speziell im Bereich SCEM bzw. MSCEM eingesetzt wird, liegt jedoch nicht vor.

Bedarf an RFID Implementierungen

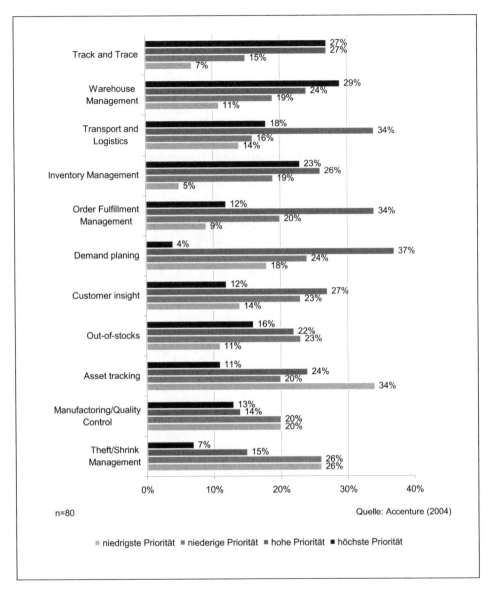

Abbildung 21: Gewichtung von RFID-Anwendungen[294]

Fördernde Faktoren

1. Ökonomische Rahmenbedingungen

Bedingt durch den verschärften Kosten- und Wettbewerbsdruck auf den internationalen Märkten, rückt das Management der unternehmensinternen und -externen Prozesse vermehrt in den Fokus vieler Unternehmen. Verfolgte Ziele sind unter anderem: Reduzierung der Durchlaufzeiten, Qualitätserhöhung und Kostensenkung. Nach einer gemeinsamen Studie des Fraunhofer Instituts Materialfluss und Logistik (IML) und dem Fachmagazin „Logistik für Unternehmen" im Juli 2005, erhoffen 75 % der Befragten vom RFID-Einsatz eine Senkung der Prozesskosten, jeweils 63 % eine Verbesserung der Informationsflüsse und eine Steigerung der Qualität. Knapp mehr als die Hälfte der Teilnehmer erwartet eine Beschleunigung der Bearbeitungszeiten (vgl. Abbildung 22).

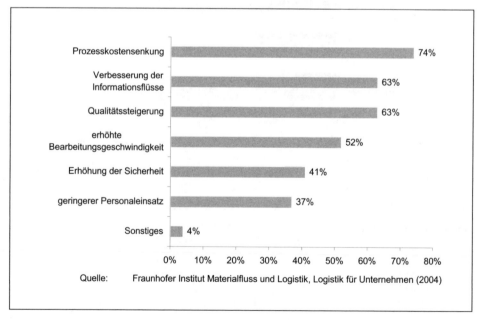

Abbildung 22: *Erwartungen an die RFID-Technologie*[295]

Neben einer Steigerung der Prozesseffizienz steht für viele Zulieferunternehmen besonders im Retail-Bereich die Erfüllung von Kundenanforderungen im Vordergrund. Als Frühadaptoren und Protagonisten zählen die großen Handelskonzerne wie Wal-Mart (USA), Metro (BRD), Tesco (UK), Albertsons (USA) und Target (USA). Durch die angekündigten RFID-Roll-out-Pläne dieser Konzerne (vgl. Tabelle 10) entsteht speziell bei vielen Lieferanten der Konzerne erheblicher Änderungsbedarf in der Transport- und Logistikabwicklung.[296]

Konzern	Roll-out-Plan
Wal*Mart	Ab 1. Quartal 2005: Belieferung durch die TOP 100 Lieferanten auf Paletten- und Umkartonebene an bestimmten Verteilzentren Ab 2006: Einbeziehung aller Lieferanten
Tesco	Ab 2. Quartal 2004: RFID-Auszeichnung von Umverpackungen Roll-out ab 2005
Metro	Ab 4. Quartal 2004: Belieferung auf Ebene Palette und Umkarton an bestimmte Verteilzentren Ab 2006: flächendeckender Einsatz
Albertsons	Ab 2. Quartal 2005: Belieferung durch die TOP 100 Lieferanten auf Paletten- und Umkartonebene
Target	Ab 1. Quartal 2005: Einbeziehung der TOP 100 Lieferanten

Tabelle 10: RFID Roll-out Pläne[297]

2. Gesetzliche Vorschriften

Ebenfalls fördernd auf den RFID-Einsatz wirkt sich die zunehmende Anzahl an gesetzlichen Vorschriften aus. So rücken beispielsweise RFID-Lösungen zur Rückverfolgbarkeit im Zuge von EU-Vorschriften immer stärker in den Mittelpunkt. Nachdem bereits seit dem 1. Januar 2005 alle Lebens- und Futtermittel (EG 178/2002) rückverfolgbar sein müssen, verlangt die im Oktober 2004 verabschiedete Verordnung Nr. 1935/2004, dass bis 27. Oktober 2006 alle Materialien und Gegenstände mit Lebensmittelkontakt über alle Herstellungs-, Verarbeitungs- und Vertriebsstufen hinweg lückenlos rückverfolgbar sind. Dies betrifft in erster Linie Direktverpackungen aber auch Einweggeschirr, Abfüllanlagen und so weiter.

"The traceability of materials and articles intended to come into contact with food should be ensured at all stages in order to facilitate control, the recall of defective products, consumer information and the attribution of responsibility. Business operators should at least be able to identify the businesses from which, and to which, the materials and articles are supplied."[298]

Im fortschreitenden Maße unterstützt RFID auch die in einer Vielzahl von Auflagen geforderte Kennzeichnung chemischer Rohstoffe: Neben Produktbezeichnung und Mindesthaltbarkeitsangaben sind Lager-, Transport- und Gefahrstoffhinweise sowie eine detaillierte Inhaltsangabe zwingend erforderlich.[299] Darüber hinaus fördern zunehmend strenge Anforderungen an Qualität, Sicherheit und Dokumentation branchenübergreifend den Einsatz von RFID-Systemen. Zum Beispiel ist die Dokumentation des Einbaus sicherheitsrelevanter Teile in der Automobilindustrie teilweise gesetzlich vorgeschrieben.[300]

Hemmende Faktoren

1. Wettbewerb zu traditionellen Auto-ID-Technologien

Die RFID-Technologie steht in Konkurrenz zu den traditionellen Auto-ID-Technologien (Barcode, OCR etc.). Folglich wird ihr Einsatz maßgeblich von der Bewertung der Stärken und Schwächen der alternativen Technologien determiniert. Eine Abgrenzung der verschiedenen Leistungsparameter von OCR, Barcode und RFID wurde bereits am Ende des Kapitels „Automatische Identifikation" vorgenommen. Eine von Mai bis August 2004 durchgeführte Studie des Instituts für Zukunftsstudien und Technologiebewertung (IZT) verdeutlicht die Einschätzung von 70 deutschen RFID-Anbietern hinsichtlich der jeweiligen Stärken und Schwächen. Während die RFID-Technologie sich in den Ergebnissen vor allem bezüglich der Leistungsfähigkeit, Funktionssicherheit und Informationssicherheit von den anderen Technologien hervorhebt, erweisen sich die hohen Kosten für Anschaffung und Implementierung der RFID-Systeme als nachteilig.[301] „Das Kosten-Nutzen-Verhältnis wird von 29 Prozent als Schwäche und von 11 Prozent der Befragten als deutliche Schwäche bewertet"[302] (vgl. Abbildung 23).

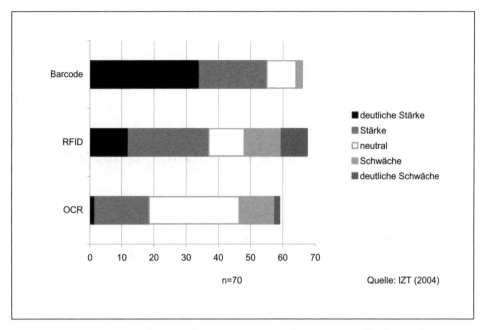

Abbildung 23: Stärken und Schwächen von Auto-ID-Technologien im Vergleich – Kosten-Nutzen-Verhältnis[303]

2. Technische Probleme und fehlendes Erfahrungswissen

Hemmend auf den breiten Einsatz der RFID wirken sich nach wie vor technische Probleme aus. Da RFID-Transponder aus kostengünstigen elektronischen Elementen bestehen und im Falle von passiven Systemen sogar ohne eigene Energieversorgung arbeiten, sind sie relativ anfällig für Störungen. Zu den Problemfeldern zählen beispielsweise:

- Übertragungsfehler durch Rauschen, z. B. hervorgerufen durch Schweißanlagen oder Motorengeräusche im Niedrigfrequenzbereich bzw. durch andere Datensender im Hochfrequenz- und Ultrahochfrequenzbereich.

- Kollision beim Mehrfachzugriff in RFID-Systemen, die nichtdeterministische Antikollisionsalgorithmen einsetzen.

- Erkennungsprobleme bei induktiv gekoppelten Systemen durch ungünstige Ausrichtung oder Verstimmung der Antenne.

- Reflexion bzw. Absorption des magnetischen oder elektromagnetischen Feldes durch Metalle bzw. Flüssigkeiten und organische Materialien in der Nähe des Transponders in bestimmten Frequenzbereichen (vgl. Tabelle 4).[304]

Neben den technischen Problemen stellen laut IZT-Studie aus ökonomischer Sicht das geringe RFID-Know-how der Unternehmen sowie fehlende Referenzlösung zentrale Hemmfaktoren dar.[305] Nach der Gemeinschaftsstudie des Fraunhofer Instituts für Materialfluss und Logistik und dem Fachmagazin ‚Logistik für Unternehmen' besteht Aufklärungsbedarf insbesondere hinsichtlich der Auswirkung der RFID-Technologie auf die Prozesse. Knapp 60 % der Befragten nannten Aufklärungsbedarf in Bezug auf Standardisierung und drei von fünf Unternehmen in Bezug auf notwendige Investitionen in die Technik.[306]

3. Mangelnde Standardisierung

Als wesentlicher Erfolgsfaktor für die Realisierung der Potenziale der RFID-Technologie gilt die Standardisierung auf allen Ebenen. „Viele Anwendungsfälle rechnen sich erst, wenn Daten und Prozesse auf Unternehmensebene und über die Unternehmensgrenzen hinweg standardisiert sind."[307] Standardisierungsbemühungen sind vor allem von der International Organisation for Standardisation (ISO), der International Electronic Commission (IEC), dem Joint Technical Committee 1 (JTC1) und in jüngster Zeit vom Auto-ID Center bzw. von der Nachfolgeorganisation EPCGlobal unternommen und vorangetrieben worden.[308]

Dennoch wird der Grad der Standardisierung nach obig angesprochener Studie von AMR Research[309] als ein wichtiges Schlüsselproblem identifiziert. Zwar bezeichnen 44 % der Befragten den Grad der Standardisierung als ausreichend genug, um einen positiven Return on Investment (ROI) zu erreichen, doch bewerten lediglich 29 % der Teilnehmer aus der Prozessindustrie das Ausmaß der Standardisierung als angemessen. Lediglich 35 % der befragten Großunternehmen (mehr als 5000 Beschäftigte) halten die Standardisierung als ausreichend ausgereift, um einen positiven ROI zu erzielen.[310]

Weltweit uneinheitliche Vorschriften und Handhabungen hinsichtlich der erlaubten Sendestärken und der Zuteilung von Frequenzbändern bilden ein Hauptproblem bei der Entwicklung international einsetzbarer RFID-Systeme. Ein in Deutschland aufgebrachter Transponder zur Kennzeichnung einer Ware kann unter Umständen in den USA nicht identifiziert werden.[311]

4. Kosten von RFID-Systemen

Die Kosten von RFID-Systemen setzen sich im Einzelnen aus den Kosten für die Transponder, die Erfassungs-Infrastruktur, Software sowie Integrations- und Wartungsdienstleistungen zusammen.[312] Nach der Studie[313] von AMR Research stellen die hohen Kosten der RFID-Systeme neben der mangelnden Standardisierung das zweite große Hindernis für den RFID-Einsatz dar. „The overwhelming majority of survey respondents cite significant challenges finding the Return on Investment (ROI) to justify their RFID spending. 28 % cite it specifically as their biggest obstacle with regard to RFID adoption."[314]

Speziell in offenen logistischen Systemen und bei einer großen Anzahl zu identifizierenden Objekten sind die Transponder der kostenbestimmende Faktor.[315] Nach einer bundesweiten Marktstudie des Fraunhofer Instituts Materialfluss und Logistik im Jahr 2004, liegt die Preisobergrenze für passive Transponder zur Produktkennzeichnung für die Mehrheit der 100 Befragten Entscheidungsträger aus Industrie, Handel und Dienstleistung bei niedriger als 10 Eurocent. Bei Transpondern zur Kennzeichnung von Verpackungen liegt die Preisobergrenze ungefähr bei 50 Eurocent (vgl. Abbildung 24).[316]

Zu einem ähnlichen Ergebnis kommt auch die bereits obig angesprochene Studie des Fraunhofer Instituts Materialfluss und Logistik und der Zeitschrift „Logistik für Unternehmen" im Juli 2005. Der Studie zufolge können sich 28 % der Befragten vorstellen, 0,10 € für einen Transponder auszugeben. 32 % der Unternehmen sind bereit 0,05 € und 24 % gaben an, nicht mehr als 0,05 € ausgeben zu wollen. Die aktuellen Preise für passive RFID-Transponder liegen jedoch im Lowcost-Bereich (nur mit Seriennummer und einfacher Bauform) derzeit ungefähr zwischen 0,20 € bis 0,50 € und für komplexere Transponder im Euro-Bereich. Die Preise hängen sehr stark von den bestellten Stückmengen ab. Der für die nächsten Jahre erwartete stärkere Einsatz der Technologie wird dazu führen, dass dank Massenproduktion die RFID-Transponderpreise weiter fallen werden.[317]

Kosten von RFID-Systemen

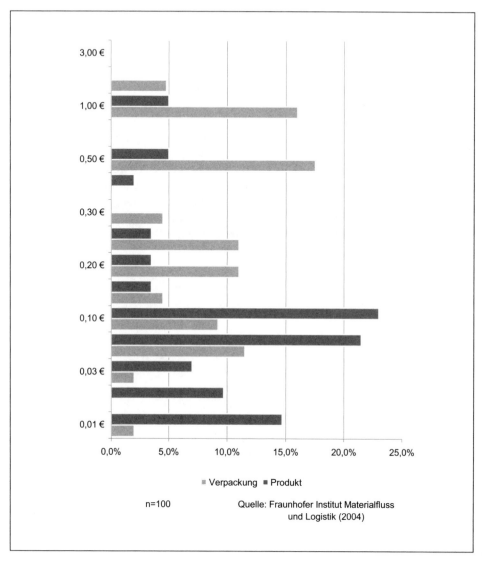

Abbildung 24: *Preisobergrenze für passive RFID-Transponder*[318]

5. Mangelnde Zusammenarbeit in der Supply Chain

Sinnvollerweise werden die Produkte direkt im (bzw. im Anschluss vom) Produktionsprozess beim Hersteller mit RFID-Transpondern versehen. Ohne weitere Regelungen würde dies bedeuten, dass die Transponderkosten einseitig vom Hersteller zu tragen sind, während die Nutzung entlang der gesamten Wertschöpfungskette möglich ist. Da der Hersteller nur einen Teil der Nutzenpotenziale realisieren kann, ist die Integration eines RFID-Systems für ihn unter Umständen nicht rentabel. So könnte eine Einführung der RFID-Technologie verhindert werden, obwohl der Gesamtnutzen in der Supply Chain die Kosten der RFID-Integration rechtfertigen würde. Neben der Regelung der Kostenaufteilung müssen sich die Partner auf gewisse Datenformate, Prozesse u. Ä. einigen. Es wird angenommen, dass sich RFID-Anwendungen umso schneller durchsetzen werden, je weniger Partner beteiligt sind.[319]

Zusammenfassung

Die Verbreitung der RFID-Technologie fördernden und hemmenden Faktoren werden in nachstehender Tabelle 11 nochmals zusammengefasst.

Fördernde Faktoren der RFID-Verbreitung	Hemmende Faktoren der RFID-Verbreitung
Ökonomische Rahmenbedingungen ■ Potenzial zur Prozessoptimierung ■ Marktmacht Gesetzliche Vorschriften ■ zur Rückverfolgbarkeit (EG 178/2002 und EU-Vorschrift 1935/2004) ■ zur Kennzeichnung ■ zur Dokumentation	Wettbewerb zu traditionellen Auto-ID-Technologien ■ schwache Bewertung des Kosten-Nutzen-Verhältnisses Technische Probleme und fehlendes Erfahrungswissen ■ Anfälligkeit der Leserate auf externe Störungen ■ niedriges RFID-Know-How in den Unternehmen ■ fehlende Referenzlösungen Mangelnde Standardisierung ■ z. B. uneinheitliche Sendestärke und Frequenzbänder in den verschiedenen Ländern Kosten von RFID-Systemen ■ insbesondere zu hohe Transponderkosten Mangelnde Zusammenarbeit ■ Uneinigkeit bei der Kostenaufteilung

Tabelle 11: Fördernde und hemmende Faktoren der RFID-Verbreitung

Teil IV

Wirtschaftlichkeit

Einordnung

Wie bereits im Kapitel „Hemmende Faktoren" angedeutet, stellt die Implementierung eines RFID-Systems für Unternehmen eine erhebliche Investition dar. Bei solch großen Investitionsprojekten spielt der Nachweis der Wirtschaftlichkeit eine wesentliche Rolle bei der Entscheidungsfindung für oder gegen eine Projektdurchführung. Dabei wird bei ökonomischer Zielsetzung des Investors unter Verwendung von Verfahren der Investitionsrechnung das Investitionsprojekt an einer konkurrierenden Finanzanlage (= Finanzinvestition) gemessen. Der somit resultierende Alternativenvergleich wirft in der Regel die Frage nach der Vorteilhaftigkeit auf. Um Probleme multikriterieller Entscheidungsfindung zu vermeiden, einen einfachen Alternativenvergleich zu ermöglichen und damit eine Vorteilhaftigkeit ausweisen zu können, ist eine Vielzahl von Daten methodisch einwandfrei zusammenzufassen.[320] Dabei stehen Unternehmen bei RFID-Anwendungen, wie auch bei anderen Anwendungen des Ubiquitous Computings, vor drei wesentlichen Herausforderungen:[321]

- Viele der möglichen RFID-Anwendungen waren bis vor kurzem so nicht realisierbar. Daher existieren in vielen Fällen nur wenige konkrete Erfahrungen und Fallbeispiele, die den tatsächlichen Nutzen demonstrieren können.

- Eine weitere Schwierigkeit besteht in der monetären Bewertung der Nutzenpotenziale. So sind beispielsweise beim indirekt monetär messbaren Nutzen mehrere logische Zwischenschritte notwendig, um vom direkten Nutzen zu einer monetären Größe zu gelangen. Insbesondere bei qualitativen und strategischen Nutzenvorteilen wird ein finanzieller Mehrwert erst nach längerer Zeit sichtbar. Rationale Grundlagen für eine Quantifizierung des Nutzens sind hier im Voraus nicht gegeben.

Beschränkt sich der Einsatz der RFID-Technologie nicht nur auf ein einzelnes Unternehmen, sondern erstreckt sich dieser über mehrere Unternehmen oder gar die gesamte Supply Chain, sind sowohl eine finanzielle Beurteilung des Gesamtsystems als auch eine detaillierte Betrachtung der einzelnen Unternehmen erforderlich.

Vorliegende Wirtschaftlichkeitsuntersuchungen

In vorliegenden Studien, wie etwa von den Unternehmensberatungen Accenture (vgl. Tabelle 12) und IBM Business Consulting Service (BCS) (vgl. Tabelle 13), wird die Wirtschaftlichkeit der RFID-Technologie nachgewiesen. Diese Studien beschränken sich jedoch bislang nur auf isolierte Untersuchungs- und/oder Nutzenbereiche.[322] Eine Wirtschaftlichkeitsanalyse, die die gesamte Supply Chain mit einbezieht und sich zudem nicht nur auf ausgewählte Nutzenpotenziale beschränkt, kann derzeit nicht gefunden werden. Eine Untersuchung, die speziell die Wirtschaftlichkeit von RFID im MSCEM zum Gegenstand hat, ist ebenfalls nicht zu finden.

1. Accenture

Name der Studie	Datum	Untersuchungsbereich	Bewerteter Nutzen
Auto-ID on the Line: The Value of Auto-ID Technology in Manufacturing[323]	01.02.2003	Produktion	■ Umsatzsteigerung durch Verbesserung von Qualität und Kundenservice ■ Kostenreduktion durch verbesserte Anlagen- und Personaleffektivität ■ Reduktion des Umlaufvermögens ■ Reduktion des Anlagevermögens
Auto-ID on Demand: The Value of Auto-ID Technology in Consumer Goods Demand Planning[324]	01.11.2002	Bedarfsplanung bei CPG-Herstellern	■ Reduktion des Umlaufvermögens (Bestandsreduktion Waren) ■ Umsatzsteigerung durch Reduktion von Out-Of-Stocks ■ Reduktion von Unsaleables (Ladenhüter)
Auto-ID on the Move: The Value of Auto-ID Technology in Freight Transportation[325]	01.11.2002	Frachttransport	■ Reduktion des Anlagevermögens ■ Reduktion von Kosten durch Schwund ■ Reduktion der Instandhaltungskosten ■ Reduktion von Lohnkosten ■ Reduktion von Kosten zur Beschwerdebearbeitung ■ Reduktion von Versicherungskosten
Auto-ID on Delivery: The Value of Auto-ID in the Retail Supply Chain[326]	01.11.2002	Wertschöpfungskette des Einzelhandels	■ Reduktion von Kosten durch Schwund ■ Reduktion von Lohnkosten ■ Reduktion des Anlagevermögens ■ Reduktion von Sicherheitsbeständen ■ Reduktion von Standgeldern
Auto-ID in the Box: The Value of Auto-ID Technology in Retail Stores[327]	01.02.2003	Einzelhandel	■ Reduktion von Lohnkosten ■ Reduktion von Kosten durch Schwund ■ Umsatzsteigerung durch Vermeidung von Out-Of-Stocks ■ Reduktion des Anlagevermögens ■ Reduktion von Inventory Write-Offs (Bestandsabschreibungen)

Tabelle 12: RFID-Wirtschaftlichkeitsuntersuchungen von Accenture

2. IBM Business Consulting Service

Name der Studie	Datum	Untersuch- ungsbereich	Bewerteter Nutzen
Focus on Retail: Applying Auto-ID to Improve Product Availability at the Retail Shelf[328]	01.06.2002	Wertschöpfungs- kette des Einzel- handels	■ Reduktion von Lohnkosten ■ Umsatzsteigerung durch Redukti- on von Out-Of-Stocks
Focus on the Supply Chain: Applying Auto- ID within the Distribution Center[329]	01.06.2002	Lager und Dis- tribution	■ Reduktion von Lohnkosten ■ Reduktion von Kosten durch Schwund ■ Reduktion von Kosten zur Bearbei- tung von Beschwerden und Rück- sendungen ■ Reduktion des Umlaufvermögens ■ Reduktion von Transportkosten
Applying Auto- ID to Reduce Losses and Associated with Shrink[330]	01.11.2002	Supply Chain	■ Reduktion von schwundbedingten Kosten
Applying Auto- ID to Reduce Losses Asso- ciated with Product Obso- lescence[331]	01.11.2002	Supply Chain	■ Reduktion von Kosten durch obso- lete Produkte

Tabelle 13: RFID-Wirtschaftlichkeitsuntersuchungen von IBM BCS

Bewertungsvorschlag

1. Vorgehensweise

In der Praxis erfolgt eine Wirtschaftlichkeitsanalyse häufig im Rahmen eines Business Case. „Ein Business Case fasst alle entscheidungsrelevanten Aspekte eines geplanten Vorhabens mit dem Ziel zusammen, die wirtschaftliche Vorteilhaftigkeit und strategische Konformität des Gesamtprojekts aufzuzeigen und eine abschließende Management-Entscheidung über dessen Ausführung zu ermöglichen."[332] Die wichtigsten Phasen und Arbeitsschritte eines Business Case sind beispielhaft in Abbildung 25 zusammengefasst. Die einzelnen Arbeitsschritte sind in ihrer chronologischen Anordnung im Prinzip variabel. Sie sind eher als Bausteine zu sehen, die einen möglichen sinnvollen Weg aufzeigen, während das vorgestellte dreiteilige Phasenkonzept als methodisch verbindlich zu betrachten ist.[333]

Den Kern der Business-Case-Erstellung bildet die Entwicklungsphase.[334] Nachfolgender Vorschlag zur finanziellen Bewertung der RFID-Technologie beschränkt sich auf die zugehörigen Arbeitsschritte Lösungskonzeption sowie Erhebung und Analyse der Kosten und Nutzen.

Die Lösungskonzeption wird gemeinsam mit der Projektplanung zur Detailplanung zusammengefasst. Diese bildet die Grundlage der Entwicklungsphase, aus der sich präzise Anhaltspunkte für die Abschätzung und Quantifizierung der Kosten und Nutzen ergeben. Die Lösungskonzeption beinhaltet sowohl eine Beschreibung der Ist-Situation als auch der Soll-Situation. Nach Abschluss der Detailplanung werden die Projektkosten zusammengestellt, Nutzenpotenziale analysiert und konkrete Nutzenaspekte erhoben und quantifiziert. Es wird vorgeschlagen, bei der Bestimmung der Kosten- und Nutzengrößen drei Szenarien zu betrachten: ein „optimistisches", ein „realistisches" und ein „pessimistisches" Szenario. Während das realistische Szenario auf den aus heutiger Sicht im Mittel erwarteten Kosten- und Nutzengrößen basiert, wird bei den pessimistischen und optimistischen Szenarien zusätzlich berücksichtigt, dass Nutzenpotenziale bzw. Kostentreiber bei Eintreten bestimmter Ereignisse unter Umständen höher bzw. niedriger ausfallen können.[335]

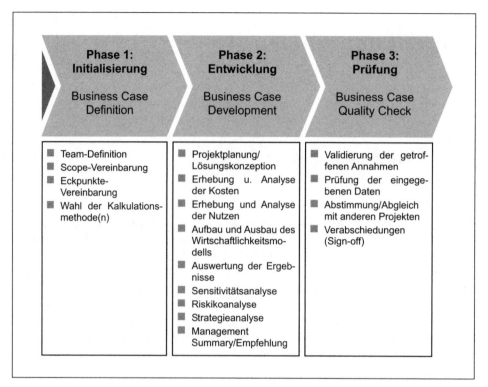

Abbildung 25: *Phasen und Arbeitsschritte der Business-Case-Erstellung*[336]

Der primäre Zweck der Analyse verschiedener Szenarien ist, „risikodifferenzierte und ‚echte', d. h. sich gegenseitig ausschließende, Entscheidungsoptionen zu präsentieren und ihre Auswirkung auf die Wirtschaftlichkeit des Vorhabens darzulegen."[337] Aus den ermittelten bzw. geschätzten Kosten- und Nutzenwerten kann dann unter Verwendung der Verfahren der Investitionsrechung[338] für das jeweilige Szenario ein erstes Ergebnis berechnet werden (vgl. Abbildung 26). Bei der Betrachtung von Investitionsprojekten findet innerhalb der Investitionsrechnung eine strikte Beschränkung auf investitionsbedingte Liquiditätsveränderungen (Cashflows) statt.[339] In diesem Zusammenhang stellt sich die Frage, wie Kostenreduktionen oder Kostenvermeidungen behandelt werden, da es sich streng genommen weder um Zahlungseingänge noch um Zahlungsausgänge handelt. Sie werden aber in der Investitionsrechnung mit diesen gleichgesetzt – und somit als „cash-inflows" (= Zahlungseingänge) behandelt.[340]

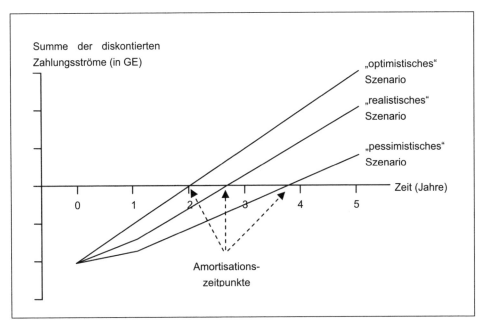

Abbildung 26: *Zahlungsflüsse der drei Szenarien*[341]

2. Lösungskonzeption

2.1 Soll- und Ist-Beschreibung

Als generisches Modell zur Untersuchung bzw. Entwicklung und Beschreibung der Ist- und Soll-Situation bietet sich das im Teil II vorgestellte SCOR-Modell an. Während die Ausführungen im Teil II dazu dienten, allgemeine Anwendungsszenarien der RFID-Technologie aufzuzeigen, sind diese im Rahmen einer konkreten Wirtschaftlichkeitsanalyse um entsprechende Detailinformationen zu ergänzen.

Die Schilderung der Ist-Situation dient der Beschreibung des gegenwärtigen Zustands in den jeweiligen Prozesselementen. Dazu zählt vor allem auch eine Würdigung der Schwächen und Nachteile, die an den momentanen Zustand geknüpft sind. In den Erklärungen zur Soll-Situation wird der angestrebte Endzustand detailliert dargestellt. Ziel ist es aufzuzeigen, wie auf die Defizite der Ausgangssituation reagiert wird und welchen Umfang und welche Auswirkungen das geplante Vorhaben hat.[342] Für die Ausführungen zur technischen Konzeption der Soll-Situation sind zunächst nachstehende RFID-spezifische Aufgaben zu erfüllen.[343]

2.2 Physische Objekte

In einem ersten Schritt sind alle Objekte zu identifizieren und zu klassifizieren, die für die zu implementierende Anwendung mit einem RFID-Transponder versehen werden sollen.[344] Die zu bewertenden Objekteigenschaften und die daraus resultierenden Anforderungen an das Tagging werden in Tabelle 14 zusammengefasst.

Objekteigenschaften	Anforderungen
Wert des Objekts	Vom Wert des Objekts und dem von der Anwendung erwarteten Nutzen hängt ab, wie viel der Transponder kosten darf.
Spezielle Eigenschaften wie Größe, Oberflächenbeschaffenheit, Material, Inhalt	Sie bestimmen, wie der Transponder am Objekt befestigt bzw. im Objekt integriert werden kann. Metall oder Wasser am Objekt würde auf Grund der Störung, die diese Materialien beim Auslesen verursachen, spezielle Transpondertypen verlangen oder kann sogar eine Lösung mit RFID verhindern.
Transponderplatzierung auf dem Objekt und Objektplatzierung in Bezug auf die Antenne des Lesegerätes	Die Transponderplatzierung und die Objektplatzierung in Bezug auf die Antenne des Lesegerätes bestimmen die erzielbare Lesereichweite.
Objekthierarchien	Die Objekte können zu Hierarchien zusammengefasst sein, die beispielsweise zwischen mit Transpondern versehener Ware und etikettierten Paletten bestehen können. Die Anwendung muss von der Lesersoftware die von ihr erwarteten Daten der entsprechenden Hierarchiestufe erhalten.
Mengengerüst	Über das Mengengerüst wird definiert, welches Datenvolumen höchstwahrscheinlich auf das Unternehmen zukommt, welche Skalierbarkeit von der Anwendung erwartet wird und wie groß die Anzahl der benötigten Transponder ausfällt.

Tabelle 14: Objekteigenschaften[345]

2.3 Technologieauswahl

Bei der Auswahl der Technologie muss zum einen die Machbarkeit der Lösung nachgewiesen und zum anderen eine Entscheidung für einen Systemanbieter gefällt werden. Machbarkeitsanalysen können häufig nur in Zusammenarbeit mit den Technologieherstellern durchgeführt werden. Die Auswahl der Systemanbieter hat entscheidenden Einfluss auf den Erfolg und die Kosten der Implementierung und späteren Wartung. Im Anschluss an eine Ortsbegehung sollte definiert werden, an welchen Orten welche Art von Lesegeräten eingerichtet werden müssen, um die RFID-gestützte Lösung realisieren zu können.[346] Für die Auswahl von Lesegerät und Erfassungsort sind die in Tabelle 15 dargestellten Faktoren von Bedeutung.

Faktor	Einflussnahme
Umgebungseinflüsse	Eigenschaften des Ortes können technische Anforderungen bestimmen. Beispielsweise gelten bei einer Installation des Lesegerätes innerhalb eines Gebäudes andere Frequenzen und Lesereichweiten als bei einer Installation außerhalb des Gebäudes.
Störfrequenzen	Konkurrierende Systeme wie beispielsweise WLAN oder Mobiltelefonsysteme können bei Verwendung ähnlicher oder gleicher Frequenzen die Leserate des RFID-Systems negativ beeinflussen.
Arbeitsablauf	Der aus der Anwendung resultierende Arbeitsablauf sollte mit dem RFID-System im Einklang stehen. So sollte beispielsweise die Konstruktion einer Portalantenne auf die Bewegung von Gabelstaplern ausgerichtet sein, nicht umgekehrt.
Antenneneigenschaften	Die Wahl der Antenne muss den Anforderungen an Frequenz und Lesereichweite Rechnung tragen. Sie sollte im jeweiligen Erfassungsort integrierbar sein und vor äußerlicher Zerstörung geschützt werden. Ferner sollte der Aufwand für Installation, Wartung und Justierung gering sein.
Datenübertragung zw. Antenne und Lesegerät	Für die Datenübertragung stehen Verkabelung oder drahtlose Übertragung zur Auswahl. Die drahtlose Übertragung benötigt keinen Platz für Kabelschächte und ist flexibler, falls sich Antennenstandorte ändern. Jedoch ist sie auch anfälliger für Störungen als die Verkabelung.
Stromversorgung	Es sollte in Erwägung gezogen werden, für die jeweiligen Komponenten des RFID-Systems eine zusätzliche oder unterbrechungsfreie Stromversorgung einzurichten.
Netzwerke	Das Datenaufkommen eines RFID-Systems kann unter Umständen hoch genug sein, um die Einrichtung eines zusätzlichen Netzwerks zu rechtfertigen. In jedem Fall muss eine genügend hohe Bandbreite vom Lesegerät zum Anwendungsserver bestehen.

Tabelle 15: *Einflussfaktoren bei der Technologieauswahl*[347]

2.4 Anwendungsdaten

Die erfolgreiche Integration der RFID-Anwendung in die bestehende Systemlandschaft der Unternehmen bedingt die Definition von Anforderungen an die gelieferten RFID-Daten.[348] In Tabelle 16 wird anhand einiger Beispiele aufgezeigt, welche Arten von Anforderungen an das System gestellt werden.

Kategorie	Anforderung
Events und Tasks	■ Zuordnung von Lesestationen, Objekten und Sequenzen von RFID-Daten zu Business Events ■ Geschäftsregeln und die daraus resultierenden Workflow-Regeln
Schnittstellen	■ Schnittstellenspezifikation zu betriebswirtschaftlichen Informationssystemen ■ Notwendige Änderungen in betriebswirtschaftlichen Informationssystemen ■ Abbildung von RFID-, Positions- und Sensordaten
Datenaggregation und Datenpfade	■ Interpretation, Filterung und Management der gelesenen Daten ■ Verteilung der Daten
Echtzeitanforderungen	■ Lesegeschwindigkeit in Echtzeit/näherungsweise in Echtzeit/nicht in Echtzeit ■ Zuordnung der Datenaggregationsstufe zur Echtzeitanforderung
Datengenauigkeit	■ Erforderliche Leserate ■ Maßnahmen bei falsch oder nicht gelesenen Objekten
Datenbank	■ Performance ■ Skalierbarkeit ■ Archivierungskonzept

Tabelle 16: *Anforderungen an RFID-Daten (Beispiele)*[349]

3. Kostenanalyse

3.1 Projektkosten

Wie viele andere Investitionsvorhaben (z. B. Investitionen in Gebäude, Maschinen oder in einen Fuhrpark) zeichnet sich auch die Implementierung eines RFID-Systems dadurch aus, dass nach Abschluss der Investition weitere Kosten anfallen, die in einem ursächlichen Zusammenhang mit der Investition stehen. Eine vollständige Erfassung der Kosten bedarf daher der Differenzierung zwischen:

- einmaligen Kosten (Investitionskosten) und
- laufenden Kosten (Betriebskosten).

Die *einmaligen Kosten* können weiter in sachbezogene und personenbezogene Kosten unterschieden werden. Beispiele für diese Formen von Investitionskosten liefert Tabelle 17.

Sachbezogene Investitionskosten	Personenbezogene Investitionskosten
Arbeits- bzw. Dienstleistungsaufwand für - Beratung/Consulting - Anforderungsanalyse - Entwicklung/Programmierung - externe Mitarbeiter - Soft- und Hardwareanpassung - Implementierung/Installation - Schulung technischer Mitarbeiter - Schulung/Einweisung der Anwender	- Aufwendungen für Verbleibe-Boni - Umzugskosten und Verlegekosten - Abfindungen - Kosten für Frühpensionierungen - Kosten für Einarbeitung von Mitarbeitern nach einem Jobwechsel - Personalvermittlungskosten für Mitarbeiter, die das Unternehmen verlassen - Personalvermittlungskosten für die Anwerbung neuer Mitarbeiter - Bonuszahlungen für Projektmitglieder
Investition - Software-Lizenzen - Hardware-Anschaffung (z. B. RFID-Lesegeräte, Netzwerk-Infrastruktur)	
Sonstige einmalige Kosten - Unkosten für die vorzeitige Auflösung/Kündigung von Leasing-Verträgen, Wartungsverträgen und Outsourcing-Verträgen	

Tabelle 17: Beispiele für einmalige Kosten[350]

Nach der Einführung des RFID-Systems fallen *laufende Kosten* an, die auf die gesamte Lebenszeit der Lösung gesehen die einmaligen Kosten übersteigen können.[351] Sie umfassen in der Regel all jene Kosten, die für den ordentlichen Betrieb bzw. für die Aufrechterhaltung des Betriebs des RFID-Systems erforderlich sind. Im Gegensatz zu einem Close-Loop-System, werden die benötigten RFID-Transponder in einem Open-Loop-System nicht wieder verwendet. Da davon auszugehen ist, dass die Unternehmen in diesem Fall die RFID-Transponder nicht einmalig bei System-Implementierung, sondern verteilt auf die gesamte Laufzeit des RFID-Systems einkaufen, werden die Kosten für die RFID-Transponder ebenfalls den laufenden Kosten zugeordnet (vgl. Tabelle 18).

Hardware	Applikationskosten	Allgemeine Kosten
■ Kosten für RFID-Transponder ■ Kosten für Rechenleistung ■ Kosten für Datenspeicherung ■ Kosten für Daten-Backup ■ Kosten für Datenarchivierung ■ Kosten für die Vorhaltung einer ausfallsicheren Lösung ■ Kosten für Datenschutzmaßnahmen ■ Kosten für Hardware-Wartungsverträge ■ Re-Investitionen	■ Kosten für Administration, Wartung, Unterhalt, Pflege ■ Kosten für Monitoring ■ Kosten für Anwender Support ■ Kosten für Enhancement-Support (geringfügige Anpassungen) ■ Kosten für Updates ■ Kosten für die Schulung von Technikern und Entwicklern ■ Kosten für Applikationsschulungen der Anwender ■ Kosten für Software-Wartungsverträge bzw. Update Verpflichtungen ■ Kosten für Lizenzgebühren ■ externe Kosten für Support bzw. Supportverträge	■ Kosten für Löhne/Gehälter neu eingestellter Mitarbeiter ■ Kosten für Arbeitsplätze, Büroräume und evtl. Gebäudekosten ■ Kosten für Outsourcing-Vertrag ■ Kosten für externe Service Provider ■ Anteilige Kosten für Datenleitung bzw. den verursachten Datenverkehr

Tabelle 18: *Beispiele für laufende Kosten*[352]

3.2 Bewertung der Kosten

Bei den obig ausgeführten einmaligen und laufenden Kosten handelt es sich um direkt monetär messbare Größen. Während die einmaligen Kosten in der Regel recht solide und präzise aus den Angeboten der Systemintegratoren und in Zusammenarbeit mit der Personalabteilung (personenbezogene Investitionskosten) ermittelt werden können, ist die Identifikation und

Kostenanalyse

Quantifizierung der laufenden Kosten aufwendiger und in der Regel mit größeren Unsicherheiten verbunden.[353] Beispielhaft sei dies anhand der Kosten für RFID-Transponder gezeigt.

Zur Vereinfachung wird angenommen, dass nur ein einziger Typ von RFID-Transpondern benötigt wird. Die Kosten beim Kauf der RFID-Transponder werden von zwei nicht genau vorhersehbaren Faktoren beeinflusst:

- die zukünftige Preisentwicklung der RFID-Transponder und
- die zukünftige Entwicklung der Menge benötigter RFID-Transponder.

Um eine Aussage über die zukünftig anfallenden Kosten machen zu können, sind die beiden Größen „Preis pro Transponder" und „Menge benötigter Transponder" für den jeweiligen Beschaffungszeitpunkt t zu schätzen (vgl. Tabelle 19).

Kosten für RFID-Transponder						
Zeitpunkt t	$t = 1$			...		
Szenario	pessimistisch	realistisch	optimistisch	pessimistisch	realistisch	optimistisch
geschätzter Preis pro Transponder in t (GE/ME)	0,45 €	0,30 €	0,20 €	...	...	...
geschätzte Menge benötigter Transponder in t (ME)	800.000	1.000.000	1.350.000	...	...	...
Kosten in t (GE)	360.000 €	300.000 €	270.000 €	...	...	...

Tabelle 19: Schätzung der zukünftigen Kosten für RFID-Transponder

4. Nutzenanalyse

4.1 Nutzenpotenziale

Vorliegende Studien zur Wirtschaftlichkeit von RFID[354] sowie obig geschilderte Anwendungsszenarien[355] zeigen, dass sich durch die Einführungen von RFID erhebliche Nutzenpotenziale erzielen lassen. Mit Nutzenpotenziale sind an dieser Stelle jene Veränderungen gemeint, die eine Auswirkung in Form von Kostenreduzierung, Kostenvermeidung oder Umsatzsteigerung haben. Analog zu den Kostentreibern können Nutzenpotenziale in einmalige und laufende Nutzenpotenziale untergliedert werden. Es wurde gezeigt, dass der Einsatz der RFID-Technologie nicht nur Auswirkung auf die Informationssammlung für das MSCEM hat, sondern zudem weiteren Nutzen in den jeweiligen Prozesselementen stiftet. Eine finanzielle Bewertung kann sich daher nicht nur auf die MSCEM-relevanten Nutzenpotenziale beschränken, sondern erfordert eine ganzheitliche Berücksichtigung aller Nutzenpotenziale. Nachstehende Abbildung 27 fasst die in den genannten Quellen identifizierten Nutzenpotenziale in einer Übersicht zusammen. Im Anschluss folgt ihre Beschreibung. Die Auflistung der Nutzenpotenziale erhebt nicht den Anspruch auf Vollständigkeit, sondern soll einen Eindruck von Bereichen möglicher finanzieller Auswirkung von RFID vermitteln.

Reduktion von Lohnkosten

Der Einsatz der RFID-Technologie hat einen wesentlichen Einfluss auf den Bedarf menschlicher Interventionen in jenen Prozessen, in denen Objekte (z. B. Produkte) und Plätze (z. B. Lagerplätze) identifiziert, qualitativ und quantitativ überprüft und bestätigt werden müssen. Durch die zunehmende Automatisierung dieser Aktivitäten mittels RFID können Lohnkosten reduziert werden. Die verbesserte Planbarkeit und Steuerung von Prozessen sowie die Erhöhung ihrer Durchlaufzeiten ermöglichen zudem einen effizienteren Einsatz menschlicher Ressourcen und bieten somit ebenfalls Potenziale zur Lohnkostenreduktion. Das Ausmaß der möglichen Lohnkostenreduktion variiert mit dem Grad bereits bestehender Automatisierung im jeweiligen Prozess. Laut einer Studie der Unternehmensberatung Accenture liegt etwa die mögliche Lohnkostenreduktion im Einzelhandel zwischen 5 und 40 %.[356]

Reduktion von Stillstandzeiten

Die verbesserte Prozessplanung und -steuerung, die Erhöhung der Durchlaufzeiten sowie die verbesserte Materialverfügbarkeit führen zu einer Vermeidung von Opportunitätskosten durch Stillstandzeiten.[357]

Nutzenanalyse

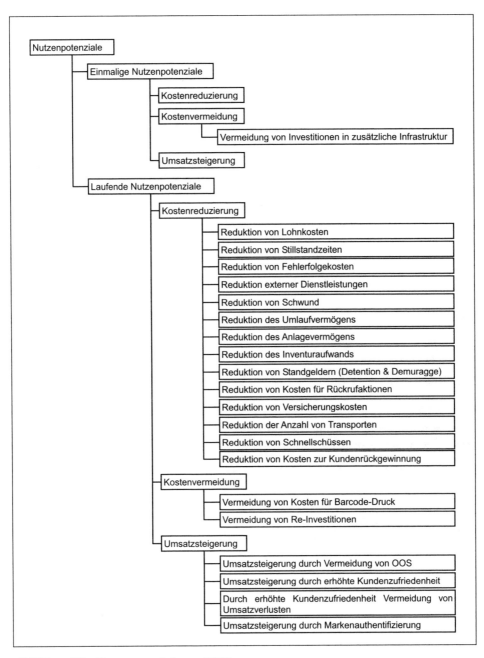

Abbildung 27: *Nutzenpotenziale von RFID*

Reduktion von Fehlerfolgekosten

Nach einer Studie des IBM Business Consulting Services liegt der Anteil der Sendungen, die den Warenempfänger rechtzeitig, unbeschädigt, in korrekter Menge und mit den richtigen Produkten und Versanddokumenten erreichen, lediglich zwischen 40 und 60 %. Um diesen Mängeln entgegenzuwirken, werden in den Unternehmen aufwendige Kontrollen durchgeführt. Mit der zunehmenden Automatisierung und abnehmenden Intensität manueller Prozesse geht eine Reduktion von Fehlern und somit von Fehlerfolgekosten einher. Unter Fehlerfolgekosten werden an dieser Stelle Lohnkosten und sonstige Kosten (z. B. Versandkosten für die Rücksendung von Reklamationen) zur Kontrolle und Fehlerbehebung verstanden. Diese fallen sowohl vor (z. B. Warenausgangskontrolle) als auch nach (z. B. Bearbeitung von Reklamationen) dem Versandprozess an. Nicht quantitativer Nutzen, wie etwa die durch Fehlervermeidung erhöhte Kundenzufriedenheit, wird an anderer Stelle berücksichtigt.[358]

Reduktion externer Dienstleistungen

Zum Ausgleich von Bedarfsspitzen und zur Verstärkung der internen Mitarbeiter werden oftmals externe Dienstleister beauftragt. Die verbesserte Planbarkeit durch erhöhte Informationstransparenz kann helfen, die hier anfallenden Kosten zu verringern.[359]

Reduktion von Schwund

Nach einer Definition der Efficient Consumer Response (ECR) Group und des Europe Shrink Committee ist Schwund auf folgende vier Ursachen zurückzuführen: Fehler bei der Prozessdurchführung, externer Diebstahl, interner Diebstahl und Betrug durch Lieferanten.[360] Der durch Schwund entstehende finanzielle Schaden lässt sich in nachstehender Tabelle 20 am Beispiel des Einzelhandels verdeutlichen.

Der Einsatz von RFID ermöglicht zum einen, Fehler in den Prozessen zu vermeiden, und zum anderen, böswillige Schwundursachen aufzudecken.[361]

Land/Region	Jahr	Umsatz*	Schwundrate	Verlust durch Schwund*
USA	2000	1.845	1,80 %	33,2
Europa	2001	824	1,75 %	14,4
Australasien**	2001	54	1,73 %	0,9

* Umsatz und Verlust in Mrd. der jeweiligen Währung ($-US, €, A $)
** Australien und Neuseeland

Tabelle 20: *Schwund im Einzelhandel nach Ländern/Regionen*[362]

Reduktion des Umlaufvermögens

Ein nicht unerheblicher Teil des Umlaufvermögens der Unternehmen ist in Form von Lagerbeständen an unterschiedlichen Punkten der Supply Chain gebunden.[363] Mangelnde Kenntnisse über Lagerbestände und Kundennachfrage sowie mangelnde Lieferzuverlässigkeit auf der Versorgungsseite zwingen Unternehmen, Sicherheitsbestände aufzubauen, um die Bedarfsdeckung in den nachgelagerten Stufen der Wertschöpfungskette zu gewährleisten.[364] Dies verursacht zum einen Opportunitätskosten, da das gebundene Kapital keiner anderen Verwendung zur Verfügung steht. Zum anderen verursachen Lagerbestände Kosten für aufgenommene Kredite, Lagerräume, Verwaltung etc. Durch den Einsatz von RFID verhelfen höhere Informationstransparenz und Lagergenauigkeit, Lagerbestände zu reduzieren und gleichzeitig die Produktverfügbarkeit zu erhöhen. Der Wert der Reduktion des Umlaufvermögens setzt sich aus der Reduktion von Kapital- und Lagerhaltungskosten zusammen.[365]

Reduktion des Anlagevermögens

Die Ausführungen zum Behältermanagement im Kapitel „Herstellen" haben beispielhaft gezeigt, wie die erhöhte Informationstransparenz zu einer effizienteren Nutzung von Sachanlagen – in diesem Fall Behältern – und somit zu ihrer Bestandsreduktion führen kann. Die unter dem Punkt *Reduktion von Lohnkosten* beschriebene Produktivitätssteigerung kann ebenfalls zur Minderung des Anlagevermögens beitragen. Durch die RFID-basierte Produktivitätssteigerung werden an den jeweiligen Arbeitsstationen (z. B. Fertigungsmaschinen) Ressourcen bzw. Kapazitäten frei, die zur Erhöhung der Auslastung der jeweiligen Arbeitsstationen genutzt werden können. Unter Umständen ist es somit möglich, die Anzahl an Arbeitsstationen zu reduzieren. Wie auch beim Umlaufvermögen verursacht die Kapitalbindung in Sachanlagen Opportunitätskosten.[366]

Vermeidung von Investitionen in das Anlagevermögen

Alternativ zur angesprochenen Reduktion des Anlagevermögens, können die durch Erhöhung von Informationstransparenz und Produktivität freigewordenen Ressourcen und Kapazitäten zur Erhöhung der Gesamtauslastung herangezogen und somit Investitionen zum Kapazitätsausbau vermieden werden.

Reduktion des Inventuraufwands

Sind die logistischen Objekte mit RFID-Transpondern gekennzeichnet, können manuelle Inventuren beschleunigt werden. Sind zudem die Lagerorte mit RFID-Lesegeräten ausgestattet, ist jederzeit eine Inventur möglich. Eine zeit- und kostenintensive manuelle Inventur entfällt dann völlig.[367]

Reduktion von Standgeldern

Für den Transport von Waren sind viele Unternehmen auf Third-Party Assets (Trailer, Paletten, Behälter, Container usw. von Drittanbietern) angewiesen. Die Rückgabe dieser Assets in einem zuvor vertraglich vereinbarten Zeitfenster erweist sich oft als schwierig und führt zu zusätzlichen Gebühren (Detention). Weitere Gebühren können durch das Überschreiten von vereinbarten Lade- und Löschzeiten anfallen (Demurrage). Laut Accenture sind die anfallenden Gebühren außerhalb von Stoßzeiten auf mangelnde Informationstransparenz und Sichtbarkeit zurückzuführen und lassen sich mit RFID um 80 % reduzieren. Während Stoßzeiten können diese Gebühren – laut Accenture-Studie – durch erhöhte Bearbeitungsgeschwindigkeit im Wareneingang um 40 % reduziert werden.[368]

Reduktion von Kosten für Rückrufaktionen

Öffentliche Rückrufaktionen sind teuer und schaden dem Ansehen eines Unternehmens.[369] Wie bereits im Kapitel „Herstellen" am Beispiel der Automobilindustrie ausgeführt, lassen sich Rückrufaktionen viel gezielter, unauffälliger und billiger durchführen, wenn exakte Daten über die Konfiguration des Produktes vorliegen.

Reduktion von Versicherungskosten

Logistikunternehmen versichern sich gegen Verlust und/oder Beschädigung der zu transportierenden Waren. Ein mittels RFID realisiertes Tracking der Waren verringert die Wahrscheinlichkeit, Ware zu verlieren, und bietet somit Potenzial, Versicherungsprämien zu senken.[370]

Reduktion der Anzahl von Transporten

Die erhöhte Transparenz der Materialflüsse ermöglicht eine optimierte Zusammenfassung von Lieferungen zu Transporten und somit eine Reduktion von Transportkosten, indem die Anzahl der Transporte sinkt und das Frachtvolumen pro Transport steigt.[371]

Reduktion von Schnellschüssen

Ist es erforderlich, kurzfristig und schnell auf Fehler oder Planabweichungen im Versandprozess zu reagieren, entstehen Mehrkosten durch Schnellschüsse. Diese können beispielsweise anfallen, weil ein schnelleres Transportmedium gewählt werden muss oder weil bei der kurzfristigen Disposition der günstigste Spediteur keine freien Kapazitäten zur Verfügung hat und ein teurerer Spediteur beauftragt werden muss.[372] Der Einsatz von RFID verhilft zum einen, Fehler und damit eine Ursache für Schnellschüsse zu vermeiden. Zum anderen wird durch die erhöhte Informationstransparenz der zeitliche Handlungsspielraum auf Planabweichungen vergrößert, sodass Mehrkosten durch Schnellschüsse unter Umständen gar nicht erst entstehen.

Nutzenanalyse

Vermeidung von Kosten für Barcode-Druck

Wird die RFID-Technologie als Ersatz für die Kennzeichnung durch Barcode eingesetzt, so entfallen die Kosten für das Bedrucken von Barcodeetiketten.

Vermeidung von Re-Investitionen

Da in die Bewertung der laufenden Kosten auch Re-Investitionen in das RFID-System berücksichtigt werden, ist es evident, dass für den Fall der Ablösung der Barcodetechnologie durch die RFID-Technologie ursprünglich geplante, zukünftige Re-Investitionen in die Barcodetechnologie gegengerechnet werden.

Umsatzsteigerung durch Vermeidung von Out-Of-Stocks

Die Produktverfügbarkeit im Verkaufsregal hat einen entscheidenden Einfluss auf den Umsatz der Unternehmen. Nach Untersuchungen des IBM Business Consulting Services liegen Out-Of-Stocks (OOS) im Lebensmittelbereich zwischen 5 und 10 % und führen zu Umsatzeinbußen von 3 bis 4 %. Neben den Umsatzverlusten, die sich sofort in dem Moment ergeben, in dem der Kunde das gewünschte Produkt nicht kaufen kann und ein Alternativprodukt nicht kaufen will, wird angenommen, dass ein durchschnittlicher Lebensmittelhändler jährlich zwischen 0,3 bis 0,5 % seines Kundenstammes durch Out-Of-Stocks verliert. Zu den Hauptursachen für die mangelnde Produktverfügbarkeit zählen fehlende Genauigkeit und Informationstransparenz bezüglich des Materialflusses.[373]

Markenauthentifizierung

Produktfälschungen stellen zum einen ein hohes Sicherheitsrisiko für Kunden und zum anderen einen hohen finanziellen Schaden für die Unternehmen dar:

- Nach Angaben von DaimlerChrysler sind 10 % der verkauften Auto-Ersatzteile Fälschungen und führen zu einem jährlichen Verlust von $10 Milliarden.[374]
- Laut „Washington Post" starben im Jahr 2001 etwa 192 000 Menschen an der Einnahme gefälschter Arzneimittel.[375]

Durch die Identifizierung und Rückverfolgbarkeit gekennzeichneter Produkte lassen sich diese eindeutig von Fälschungen unterscheiden, unberechtigte Garantieansprüche abwehren und die Chancen erhöhen, Produzenten von Fälschungen aufzudecken.[376]

Umsatzsteigerung durch erhöhte Kundenzufriedenheit

Der erhöhte Lieferservice (Liefertreue, Lieferfähigkeit, Lieferzeiten) und die daraus ableitbare Beurteilung, ein zuverlässiger Partner zu sein, fördert die Neukundengewinnung und die Erweiterung der Anteile bestehender Lieferantenbeziehungen.[377]

Vermeidung von Umsatzverlusten

Bei schlechtem Lieferservice besteht die Gefahr, dass bestehende Kunden die Lieferantenbeziehung beenden und sich nach einem verlässlicheren Partner umsehen.[378]

Reduktion der Kosten für Kundenrückgewinnung

Wird der Kundenverlust durch Erhöhung des Lieferservices und somit durch Erhöhung der Kundenzufriedenheit vermieden, entfallen Kosten für die Kundenrückgewinnung.[379]

4.2 Bewertung der Nutzenpotenziale

Neben einer Unterscheidung hinsichtlich der Auswirkung der jeweiligen Nutzenpotenziale[380], ist auch eine Differenzierung bezüglich der Quantifizierbarkeit möglich. Um die finanzwirtschaftlichen Konsequenzen der Investition in ein RFID-System greifbar zu machen, ist es notwendig, die identifizierten Nutzenpotenziale in monetäre Größen umzuwandeln. Im Hinblick auf die Quantifizierung der Nutzenpotenziale können drei Nutzenarten unterschieden werden: direkt monetär messbarer, indirekt monetär messbarer und nicht monetär messbarer Nutzen.[381]

Zu den *direkt monetär messbaren Nutzen* werden Nutzenpotenziale gezählt, die unmittelbar durch das Investitionsvorhaben realisiert und direkt als finanzielle Größe ausgedrückt werden können.[382]

Beispielhaft sei dies anhand der Vermeidung der Kosten für den Barcode-Druck veranschaulicht (vgl. Abbildung 28). Werden durch die Einführung der RFID-Technologie traditionelle Verfahren der Automatischen Identifikation – wie z. B. der Barcode – vollständig oder auch teilweise ersetzt, können die eingesparten Kosten direkt über die Anzahl zu kennzeichnender Objekte (Bezugsobjekte) und die Kosten pro Barcodelabel ermittelt werden.

Nutzenanalyse

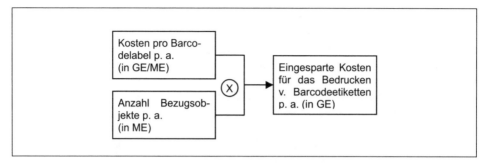

Abbildung 28: Vermeidung der Kosten für Barcode-Druck

Der finanzielle Beitrag *indirekt monetär messbarer Nutzen* ist nicht auf Anhieb zu erkennen. Eine finanzielle Quantifizierung wird von zeitlichen, mengenmäßigen oder prozentualen Quantifizierungen abgeleitet. Monetäre Nutzenpotenziale können somit lediglich indirekt (mittelbar) erschlossen werden.[383]

Beispielhaft sei dies anhand der Abbildung 29 dargestellt. Hier wird die monetäre Auswirkung einer Reduktion der Bearbeitungsdauer ermittelt, etwa aufgrund der zunehmenden Automatisierung durch die Nutzung der RFID-Technologie. Als Bezugsobjekt kann, in Abhängigkeit vom zu untersuchenden Prozesselement und gewählten Detaillierungsgrad der Untersuchung, ein Produkt, eine Kiste, eine Palette usw. dienen.

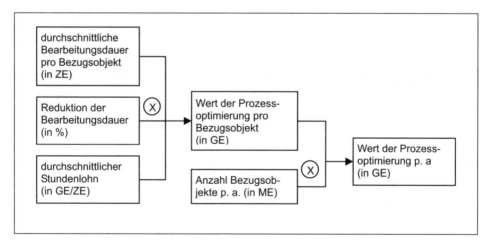

Abbildung 29: Reduktion der Lohnkosten

Bei *nicht monetär messbaren Nutzenvorteilen* (immaterielle Nutzenvorteile) sind keine rationalen Grundlagen für eine Quantifizierung gegeben.[384] Die Nichtberücksichtigung dieser Nutzen birgt jedoch die Gefahr, dass bei Investitionsentscheidungen vielversprechende, aber schwer monetär bewertbare Projekte abgelehnt werden.[385]

Eine von Kaplan vorgeschlagene Vorgehensweise, immaterielle Nutzenvorteile in einer Kosten-Nutzen-Analyse einzubeziehen, sieht wie folgt aus: in einem Projekt wird über den monetär bewertbaren Nutzen hinaus zusätzlicher immaterieller Nutzen erwartet, beispielsweise in Form einer Verbesserung des Unternehmens-Image. Führt eine initiale Bewertung, bei der die immaterielle Nutzen nicht berücksichtigt werden, zu einem positiven Barwert, ist es ohnehin sinnvoll, die Investition zu tätigen. Die Nichtberücksichtigung der immateriellen Nutzen stellt hier kein Problem dar. Führt die Bewertung jedoch zu einem negativen Barwert x, so kann dieser in die Analyse miteinbezogen werden. Anstatt den Wert der immateriellen Nutzen schätzen zu müssen, gilt es nun zu entscheiden, ob der finanzielle Gegenwert der immateriellen Nutzen mindestens x beträgt (vgl. Abbildung 30).[386]

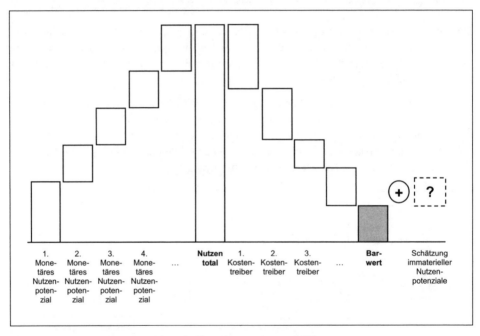

Abbildung 30: *Bewertung immaterieller Nutzenpotenziale*[387]

Anwendungsbeispiel: Hightech-Unternehmen – Fujitsu Siemens Computers

1. Einordnung

Die Anwendung des vorgestellten Bewertungsvorschlags soll anhand eines konkreten Bereichs bei Fujitsu Siemens Computers (FSC) veranschaulicht werden.[388] Seit der Gründung im Jahr 1999 – als Joint Venture der Unternehmen Siemens AG und Fujitsu Limited – hat sich FSC zum führenden europäischen IT-Hersteller und Marktführer in Deutschland entwickelt. Das Angebotsspektrum reicht von mobilen Systemen über Workstations bis hin zu High-End-Servern sowie Storagelösungen und IT-Infrastrukturlösungen. FSC bedient seine Kunden – Großunternehmen, kleine und mittelständische Unternehmen sowie Privatkunden – in allen Schlüsselmärkten Europas, Afrikas und des Mittleren Ostens. Im vergangenen Geschäftsjahr (GJ) 04/05 erreichte FSC einen Umsatz von 6,03 Milliarden Euro. Zu den Hauptfertigungs- und Entwicklungsstandorten zählen: Augsburg, München, Paderborn, Sömmerda und Milpitas (Kalifornien, USA).

FSC möchte erste Erfahrungen mit der RFID-Technologie sammeln. Hintergrund ist der mögliche künftige Einsatz von RFID im Warenausgang zur Vereinfachung der Distributionsprozesse und zur effizienteren Abwicklung von Reparaturen und Wartungen. Als mögliche Einsatzgebiete wurden die Identifikation und Verfolgung von Mehrwegbehältern im so genannten Kitting-Bereich im Werk Augsburg ausgewählt. Dieser ist ein Teilbereich der Fertigung von PCs und kleinen Servern im Low-Volume-Bereich mit einer Losgröße von 1 bis 50. Die Fertigung erfolgt ausschließlich auftragsbezogen (Build-to-Order).

2. Lösungskonzeption

2.1 Ist-Beschreibung

Der Kitting-Prozess ist ein interner, abgegrenzter Kommissionierprozess dar, in dem zur Auftragsbearbeitung Mehrwegkisten verwendet werden, die mit einem Kisten-Barcode gekennzeichnet sind. Die einzelnen Prozessschritte des Kitting-Bereichs werden in Abbildung 31 dargestellt und anschließend im Detail erläutert.

Auftragsstart

Am Terminal wird aus dem Auftragsvorrat ein Auftrag ausgewählt und das Ausdrucken des Auftrags veranlasst. Die maximale Losgröße beträgt 20 Einheiten. Lose, die mehr als 20 Einheiten umfassen, werden in kleinere Lose aufgeteilt. Der Auftragsausdruck besteht aus einer Liste der zu fertigenden Einheiten (Auftragsliste) und einem Startlabel pro Einheit. Das Startlabel enthält sämtliche Informationen über die zu fertigenden Einheiten. Dazu zählen auch Barcode-Etiketten, die zu einem späteren Zeitpunkt in der Endmontage auf hochwertige Komponenten einer Einheit aufgeklebt werden.

Kommissionieren der HDD

Anhand der Auftragsliste kommissioniert der Mitarbeiter die benötigten Festplatten (HDD = Hard Disk Drive) in einem Behälter.

Bespielen der HDD

Die kommissionierten HDDs werden an Bespielstationen mit einer Software bespielt und zurück in den Behälter gelegt. Die Auswahl der zu bespielenden Software erfolgt per manuellem Scan des Barcodes (Bit-Image-Nummer) auf dem jeweiligen Startlabel.

Lösungskonzeption

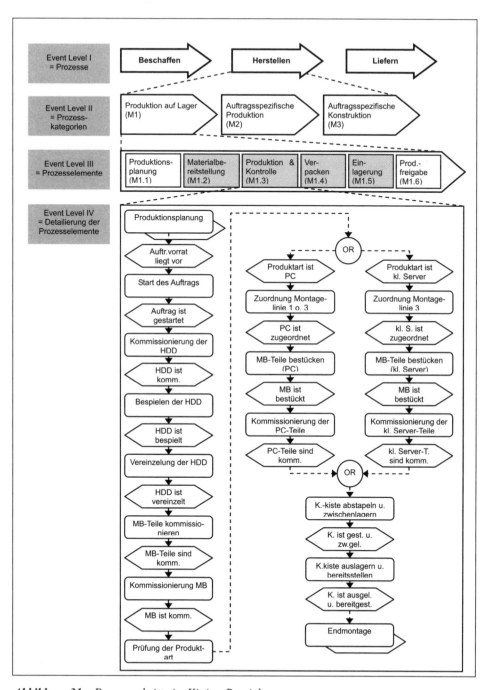

Abbildung 31: Prozessschritte im Kitting-Bereich

Vereinzelung

Die bespielten HDDs werden zusammen mit dem zugehörigen Startlabel dem Behälter entnommen und jeweils einzeln in Mehrwegkisten (im Folgenden Kittingkisten genannt) gepackt, die auf die Rollbahn gelegt werden. Über manuelles Scannen der Barcodes auf dem Startlabel und auf der Kittingkiste wird diese im System mit der zu fertigenden Einheit „verheiratet". Zudem wird für jede Einheit eine Stückliste ausgedruckt und in die Kittingkiste gelegt. Auf der Stückliste sind die zu kommissionierenden Einzelteile angegeben und spezifische Hinweise z. B. für die Endmontage hinterlegt. Auf der ersten Kittingkiste eines Loses wird ein Reiter aufgesetzt, der den Begin eines Loses kennzeichnet.

Kommissionieren der Mainboard-Teile und des Mainboards

Die Kittingkiste durchläuft auf der Rollbahn drei Kommissionierzonen, in denen der Kittingkiste verschiedene Einzelteile (Prozessor, Arbeitsspeicher, Kühlkörper) sowie ein Mainboard (MB) beigefügt werden. Der jeweilige Mitarbeiter scannt mit einem MDE-Gerät den Barcode der Kittingkiste und kommissioniert die benötigten Komponenten per Pick-by-Light[389].

Kittingkiste einer Montagelinie zuordnen

Nach dem Kommissionieren werden die Kittingkisten im zusammenhängenden Los manuell auf drei verschiedene Montagelinien verteilt. Die Zuordnung zur jeweiligen Montagelinie erfolgt nach Auslastung der Linien. Kleine Server werden nur der dritten Montagelinie zugeordnet, da PCs und kleine Server nach den Montagelinien auf zwei verschiedenen Rollbahnen weiterlaufen.

Bestücken der Mainboards

Das Mainboard wird am Montageplatz vom Mitarbeiter mit den bereits kommissionierten Einzelteilen bestückt. Per manuelles Scannen des Barcodes auf dem Startlabel kann sich der Mitarbeiter auf einem Bildschirm eine Montageanleitung anzeigen lassen. An den drei Montagelinien existieren insgesamt sieben Montageplätze.

Kommissionieren der PC- bzw. der Server-Teile

Die Kittingkisten der PCs und Server durchlaufen auf getrennten Rollbahnen weitere Kommissionierzonen, in denen zusätzliche Einzelteile beigefügt werden (PCs elf, kleine Server acht Kommissionierzonen). Das Kommissionieren erfolgt wieder über Pick-by-Light – angesteuert durch das Scannen des Barcodes an der Kittingkiste in der jeweiligen Kommissionierzone.

Lösungskonzeption

Abstapeln und Zwischenlagern

Am Ende der Rollbahnen für PCs und kleine Server werden die Kittingkisten in Vierer-Stapeln auf Rollpaletten gestapelt und im „Kitting-Bahnhof" gepuffert, aus dem die Linien der Endmontage versorgt werden. Die Rollpaletten fassen jeweils maximal 20 Kittingkisten. Beim Stapeln ist zu beachten, dass die Stapelhöhe nicht fünf Kisten überschreitet und dass bei Losen, die mehr als acht Einheiten umfassen, pro Rollpalette keine Einheiten anderer Lose aufgestapelt werden. Zum Stapeln stehen am Ende der Rollbahn für PCs sechs und am Ende der Rollbahn für kleine Server fünf Stellplätze (Stapelplätze) für jeweils eine Rollpalette zur Verfügung. Der „Kitting-Bahnhof" ist in sechzehn verschiedene Bereiche/Gassen unterteilt. Beim Einlagern werden zur Auswahl der jeweiligen Gasse folgende Punkte berücksichtigt:

- Produktgruppe (PC oder kleiner Server)
- benötigter Gehäusegrundtyp (um in der Endmontage die Anzahl der Rücktransporte von Anbruchpaletten der Gehäuse zu reduzieren wird versucht, möglichst viele Lose mit demselben Gehäusegrundtyp an einem Stück zu montieren)
- Liefertermin (Lose werden in der Reihenfolge ihrer fälligen Liefertermine aus dem Kitting-Bahnhof entnommen)
- Priorität (Einheiten mit einer hohen Priorität werden zuerst aus dem Kitting-Bahnhof entnommen. Sie werden in der „Priogasse" gepuffert)
- Sonderaufträge (Einheiten, die bei der Endmontage besondere Arbeitsschritte erfordern)
- Fehlteile (konnten die Kittingkisten beim Kommissionieren nicht mit allen benötigten Einzelteilen befüllt werden, verweilen diese in der „Fehlteile-Gasse", bis die fehlenden Einzelteile wieder verfügbar sind)

Auslagern und Bereitstellen

Der gesamte Bereich des Kitting-Bahnhofes stellt im Informationssystem eine „graue" Zone dar. Es ist weder einzusehen, welche Kittingkiste in welcher Gasse eingelagert wurde, noch ist ersichtlich, ob die jeweilige Kittingkiste überhaupt eingelagert wurde. Die Bereitstellung der Kittingkisten an die Montagelinien erfolgt nach Priorität und Lieferterminen. Da sich diese beiden Faktoren für einen Auftrag ändern können, während die dem Auftrag zugehörigen Kittingkisten bereits im Kitting-Bahnhof gepuffert werden, müssen Mitarbeiter manuell den Kitting-Bahnhof nach den betroffenen Kittingkisten durchsuchen und die Auslagerungsreihenfolge entsprechend anpassen. Werden in der Qualitätsprüfung Qualitätsprobleme bei den verbauten Komponenten aufgedeckt, müssen ebenfalls manuell all jene Kittingkisten gesucht werden, in denen diese Komponente kommissioniert wurde.

In der Endmontage wird der Inhalt der Kittingkisten entnommen und werden die leeren Kittingkisten und Rollpaletten in den Kitting-Bereich zurückgeführt. Insgesamt sind in diesem geschlossenen Kreislauf (Close-Loop-System) etwa 5 000 Kisten und 80 Rollpaletten im Umlauf. Sämtliche Barcode-Scannvorgänge im Kitting-Bereich werden manuell mit MDE-Geräten durchgeführt. In den Arbeitsschritten *Kommissionieren der Mainboard-Teile*, *Bestücken der Mainboards* und *Kommissionieren der PC- bzw. der Server-Teile* werden die Scannvorgänge in der Regel nicht für jede Kittingkiste, sondern nur bei der jeweils ersten Kittingkiste eines Loses vorgenommen, die der Mitarbeiter am Reiter auf der Kiste erkennt. Besteht das Los aus mehr als sieben Kittingkisten, sind zudem die achte und bei Bedarf auch die fünfzehnte Kittingkiste zu scannen.

2.2 Physische Objekte

Die Lösungskonzeption sieht vor, jede Kittingkiste und jede Rollpalette mit einem RFID-Transponder zu kennzeichnen. Die Eigenschaften der Kittingkisten und Rollpaletten sind der Tabelle 21 zu entnehmen.

Objekteigenschaften	Anforderung
Wert des Objekts	Kittingkiste: ca. 50 € Rollpalette: ca. 117 €
Material, Größe	Die Kittingkiste besteht aus leitfähigem Material, um einer statischen Aufladung entgegenzuwirken. Die Rollpalette besteht aus nicht leitfähigem Material. Größe Kittingkiste: 600*400*285 mm Größe Rollpalette: 1200*800*200 mm
Transponderplatzierung auf dem Objekt und Objektplatzierung in Bezug auf die Antenne des Lesegerätes	Zur Kennzeichnung der Kittingkisten werden die Transponder innen in der Mitte des Kistenbodens platziert. Solange sich die Kittingkiste auf den Rollbahnen befindet, wird sie von RFID-Lesegeräten erfasst, die unterhalb der Rollbahn montiert werden. Beim Abstapeln wird die Kittingkiste über ein am Stapelplatz montiertes RFID-Lesegerät gehoben und somit ebenfalls von unten erfasst. Die Rollpaletten werden mit zwei Transpondern an diagonal gegenüberliegenden Außenseiten der Rollpalette versehen. Die RFID-Lesegeräte werden an den Einrichtungen zum Abgrenzen der Stapelplätze und Gassen auf der Höhe des Rollpalettenbodens installiert, sodass die Rollpaletten von der Seite erfasst werden. Die Positionierung der Objekte zu den Lesegeräten ist fest definiert und weist nur eine geringe Lesedistanz von max. 200 mm auf.
Objekthierachien	Beim Abstapeln werden die Kittingkisten und die jeweilige Rollpalette zu einer Hierarchie zusammengefasst.
Mengengerüst	Kittingkisten: 5 000 Stk. Rollpaletten: 80 Stk. Durchsatz Kittingkisten p. a.: 793 873 Kisten (Stand: April 2004 – März 2005)

Tabelle 21: Objekteigenschaften – Kittingkisten und Rollpalette

2.3 Technologieauswahl

Die Auswahl der benötigten Komponenten des RFID-Systems wurde in Zusammenarbeit mit einem RFID-Systemanbieter vorgenommen. Die Berücksichtigung der Einflussfaktoren ist in Tabelle 22 dargestellt.

Faktor	Einflussnahmen
Umgebungseinflüsse	Keine Störung
Störfrequenzen	Keine Störung
Arbeitsablauf	Angesichts der definierten Positionierung der Kisten und Rollpaletten beschränkt sich der Einfluss der RFID-Einführung auf den Arbeitsablauf lediglich auf das Wegfallen manueller Scannvorgänge.
Antenneneigenschaften	Aufgrund der geringen Lesedistanz und der definierten Positionierung der Kisten und Rollpaletten können an den Identifikationspunkten RFID-Lesegeräte mit einer limitierten Lesereichweite eingesetzt werden.
Datenübertragung zwischen Antenne und Lesegerät	Vernetzt werden die Lesegeräte mit dem Hostsystem über RS 435/232.
Stromversorgung	Eine eigene Stromversorgung des RFID-Systems ist für diesen Anwendungsbereich nicht von Relevanz, da bei Stromausfall der gesamte Kitting-Bereich stillstehen und die Verfügbarkeit des RFID-Systems keinen Nutzen stiften würde.
Netzwerke	Da die bestehende Barcodetechnologie als Fallback-Lösung bestehen bleiben soll, ist der Aufbau eines parallelen Netzwerkes erforderlich.

Tabelle 22: Einflussfaktoren bei der Technologieauswahl – Kitting-Bereich

Zur Kennzeichnung der Kittingkisten und Rollpaletten kommen Transponder gemäß dem Standard ISO 15693 mit einer Betriebsfrequenz von 13,56 MHz in Form eines bedruckbaren und selbstklebenden Etiketts zum Einsatz. Die stationären RFID-Lesegeräte werden an all jenen Punkten installiert, an denen bislang per manuellem Barcodescanner identifiziert wurde. Zusätzlich werden jede Ein- und Ausfahrt der 16 Gassen im Kitting-Bahnhof, die jeweiligen Enden der Rollbahnen und die einzelnen Stapelplätze für die Rollpaletten mit stationären RFID-Lesegeräten versehen. Im Anhang werden in Abbildung 35 der Kitting-Bereich, die räumliche Zuordnung der Prozessschritte sowie die Installationspunkte der RFID-Lesegeräte skizziert.

Lösungskonzeption

2.4 Anwendungsdaten

Die Anbindung an das bestehende IT-System wird schnittstellenbasiert über eine Middleware-Lösung des RFID-Systemanbieters realisiert. Die Anforderungen an die gelieferten RFID-Daten sind in Tabelle 23 angegeben.

Kategorie	Anforderung
Events und Tasks	■ Bei der *Vereinzelung* ist die Identifikationsnummer der Kittingkiste heranzuziehen, um die zu produzierende Einheit mit der Kittingkiste systemseitig zu verknüpfen/verheiraten. ■ An den *Kommissionier- und Montagestationen* soll durch die Identifikationsnummer der Kittingkiste und die systemseitige Auftragszuordnung das Pick-by-Light-Regal bzw. die Ausgabe der Montageanleitung am Monitor angesteuert werden. ■ Beim *Abstapeln* muss systemseitig eine Zuordnung der Kisten zur jeweiligen Rollpalette erfolgen. ■ Beim *Ein- und Auslagern* der Rollpaletten in den Kitting-Bahnhof sind die Identifikationsnummern der Rollpalette zur systemseitigen Zuordnung von Rollpalette und Gasse heranzuziehen.
Schnittstellen	■ Es ist die Programmierung von Schnittstellen zu den Pick-by-Light-Regalen sowie zur Fertigungssteuerung (Shop Floor Control System) notwendig.
Datenaggregation und Datenpfade	■ Bei der Identifikation der Kittingkisten an den Kommissionierstationen ist per Vergleich der aktuellen Kiste mit der vorherigen Kiste sicherzustellen, dass jeweils nur die erste Kittingkiste eines Loses die Steuerung des Pick-by-Light-Regals anstößt. ■ Mehrfacherfassungen sind herauszufiltern. ■ Bei der Identifikation der Rollpaletten an den Stapelplätzen sowie in den Ein- und Ausfahrten der Gassen im Kitting-Bahnhof sind identifizierte Transponder der Kittingkisten herauszufiltern.
Echtzeitanforderungen	■ Die Bereitstellung der Daten an den einzelnen Identifikationspunkten muss in Echtzeit geschehen, da sie zur Steuerung der Prozessschritte genutzt werden sollen.
Datengenauigkeit	■ Die erforderliche Leserate liegt bei 100 %.
Datenbank	■ Die bestehende Datenbank ist skalierbar. ■ Bzgl. des geplanten Einsatzes der RFID-Technologie werden keine Performance-Probleme erwartet. ■ Eine Archivierung der erfassten RFID-Daten ist erst nicht vorgesehen.

Tabelle 23: Anforderungen an RFID-Daten – Kitting-Bereich

2.5 Soll-Beschreibung

Bei der *Vereinzelung* wird die Kittingkiste über ein stationäres RFID-Lesegerät identifiziert und diese Information an das IT-System weitergegeben. Durch das Scannen des Barcodes auf dem Startlabel wird die Kittingkiste automatisch mit der jeweiligen Einheit eines Loses verheiratet.

In den Prozessschritten *Kommissionieren der Mainboard-Teile, Bestücken der Mainboardteile* und *Kommissionieren der PC- bzw. der Server-Teile* wird an den Punkten, an denen bislang manuell mittels Barcode gescannt wurde, jede einzelne Kittingkiste automatisch identifiziert.

Beim *Abstapeln* wird die Kittingkiste über ein RFID-Lesegerät am Ende der jeweiligen Rollbahn identifiziert. Die Identifikation der Rollpalette, auf die die Kittingkiste gestapelt wird, erfolgt über ein RFID-Lesegerät am Stapelplatz. Beim Stapeln der Kittingkiste auf die Rollpalette wird diese über ein weiteres, am Stapelplatz installiertes RFID-Lesegerät gehoben und somit erfasst. Die Daten der Kittingkiste werden mit den Daten der Rollpalette verknüpft, sodass im System abgebildet wird, welche Kiste sich auf welcher Rollpalette befindet.

Über RFID-Lesegeräte in den Ein- und Ausfahrten der Gassen im Kitting-Bahnhof werden die Rollpaletten bei der *Ein- und Auslagerung* identifiziert. Mittels grafischer Darstellung auf zwei Bildschirmen am Kitting-Bahnhof ist genau ersichtlich, welche Kiste sich auf welcher Rollpalette an welcher Position in welcher Gasse befindet.

3. Kostenanalyse

3.1 Projektkosten

Die identifizierten einmaligen und laufenden Projektkosten, die in die Bewertung einfließen, werden in nachstehenden Tabellen 24 und 25 aufgelistet und kurz erläutert.

Kostenanalyse

1 Einmalige Projektkosten	Beschreibung
1.1 Investition	
1.1.1 Transponder	Transponder zur Kennzeichnung von Rollpaletten und Kittingkisten
1.1.2 RFID-Lesegeräte	Stationäre RFID-Lesegeräte an den Rollbahnen, Stapelplätzen und Ein- und Ausfahrten der Gassen im Kitting-Bahnhof
1.1.3 Infrastruktur	Anbaueinrichtung für die Lesegeräte sowie Netzwerkkomponenten zur Anbindung der Lesegeräte an das bestehende Informationssystem
1.1.4 Bildschirme	Bildschirme im Kitting-Bahnhof zur Bestandsvisualisierung
1.1.5 Rechner	An jenen Punkten, an denen bislang über manuelle Barcode-Lesegeräte gescannt wurde, kann die bestehende Infrastruktur zur Netzwerkanbindung genutzt werden. In den Abstapel-Bereichen und dem Kitting-Bahnhof sind für die Anbindung an das bestehende Informationssystem Rechner zu platzieren.
1.1.6 Schnittstellenkonverter	Schnittstellenkonverter ermöglichen die Anbindung mehrerer RFID-Lesegeräte an einen Rechner.
1.1.7 Standortlizenz – Middleware	Lizenz für die RFID-Middleware
1.1.8 Zugriffslizenz	Zugriffslizenzen für die Lesegeräte
1.1.9 Protokollagent Lizenz	Der Protokollagent regelt die Anbindung der RFID-Hardware an die Middleware.
1.2 Arbeits-/Dienstleistungsaufwand	
1.2.1 Detailplanung (extern)	Festlegung der Realisierungsvarianten
1.2.2 Erstellung Pflichtenheft (extern)	Das Lösungskonzept wird in dem Pflichtenheft dokumentiert
1.2.3 Schnittstellendefinition (extern)	Definition der Schnittstellen von der RFID-Middleware zum ERP-System und zur Anlagensteuerung
1.2.4 Technische Tests vor Ort (extern)	Prüfung der technischen Machbarkeit und der jeweiligen Anbringungsmöglichkeiten der RFID-Lesegeräte

1.2.5 Assemblierung und Vorkonfiguration (extern)	Dem Aufbau und der Inbetriebnahme vorgelagerte Schritte
1.2.6 Aufbau vor Ort und Inbetriebnahme (extern)	Montage der RFID-Lesegeräte und ihre Anbindung an die Middleware
1.2.7 Schulung und Betreuung (extern)	Schulung der technischen Mitarbeiter sowie Schulung und Einweisung der Anwender
1.2.8 Definition der Prozesse und Schnittstellen (FSC)	Beschreibung der Prozesse, die durch die RFID-basierte Identifikation angestoßen werden sowie Beschreibung der Schnittstellen des ERP-Systems und der Anlagen
1.2.9 Softwareanbindung (FSC)	Installation der Middleware sowie ihre Einbindung in die bestehende IT-Systemlandschaft
1.2.10 Vorbereitung der Hardwaremontage (FSC)	Anbringung der Anbaueinrichtungen, Netzwerkkomponenten und Monitore
1.2.11 Anbringung der Transponder	Etikettieren der Kittingkisten und Rollpaletten

Tabelle 24:   Beschreibung einmaliger Projektkosten – Kitting-Bereich

2 Laufende Projektkosten	Beschreibung
2.1 Hardware- und Applikationskosten	
2.1.1 Wartungsverträge (extern)	Umfasst telefonischen Support sowie technischen Support vor Ort und fällt erst nach dem 2. Jahr an
2.1.3 Support (FSC)	FSC-interne Maßnahmen zur Fehleridentifikation, -analyse und -behebung

Tabelle 25:   Beschreibung laufender Projektkosten – Kitting-Bereich

3.2   Bewertung der Kosten

Die einmaligen externen Kosten gehen aus dem Angebot des Systemintegrators hervor. Bei den einmaligen internen sowie den laufenden internen und externen Kosten handelt es sich um Angaben bzw. Schätzungen von FSC. Eine differenzierte Betrachtung von drei Szenarien wird für die Kostenbewertung nicht durchgeführt. Für die laufenden Kosten wird angenommen, dass diese über den gesamten Betrachtungszeitraum konstant bleiben. Von den laufenden externen Kosten wird erwartet, dass sie erst nach zwei Jahren einsetzen. Nachstehende Tabellen 26 und 27 bieten einen Überblick der Kosten. Das den Kostengrößen zugrunde liegende Mengengerüst kann nicht ausgewiesen werden, da es sich hierbei um sensible Daten handelt.

1 Einmalige Projektkosten	158.081 €
1.1 Investition	**61.216 €**
1.1.1 Transponder	5.286 €
1.1.2 RFID-Lesegeräte	31.407 €
1.1.3 Infrastruktur	4.350 €
1.1.4 Bildschirme	4.000 €
1.1.5 Rechner	7.344 €
1.1.6 Schnittstellenkonverter	276 €
1.1.7 Standortlizenz – Middleware	3.705 €
1.1.8 Zugriffslizenz	3.637 €
1.1.9 Protokollagent Lizenz	1.211 €
1.2 Arbeits-/Dienstleistungsaufwand	**96.865 €**
1.2.1 Detailplanung (extern)	2.993 €
1.2.2 Erstellung Pflichtenheft (extern)	1.995 €
1.2.3 Schnittstellendefinition (extern)	2.993 €
1.2.4 Technische Tests vor Ort (extern)	1.995 €
1.2.5 Assemblierung und Vorkonfiguration (extern)	29.272 €
1.2.6 Aufbau vor Ort und Inbetriebnahme (extern)	29.272 €
1.2.7 Schulung und Betreuung (extern)	1.615 €
1.2.8 Definition der Prozesse und Schnittstellen (FSC)	7.200 €
1.2.9 Softwareanbindung (FSC)	17.000 €
1.2.10 Vorbereitung der Hardwaremontage (FSC)	1.740 €
1.2.11 Anbringung der Transponder	792 €

Tabelle 26: Einmalige Projektkosten – Kitting-Bereich

2 Laufende Projektkosten	11.000 €
2.1 Hardware- und Applikationskosten	11.000 €
2.1.1 Wartungsverträge (extern)	5.000 €
2.1.3 Support (FSC)	6.000 €

Tabelle 27: Laufende Projektkosten – Kitting-Bereich

4. Nutzenanalyse

4.1 Nutzenpotenziale

Die einmaligen und laufenden Nutzenpotenziale, die in der Wirtschaftlichkeitsbetrachtung Berücksichtigung finden, werden in den Tabellen 28 und 29 dargestellt und beschrieben.

1 Einmaliger Nutzen	Beschreibung
1.1 Kostenreduktion	
1.2 Kostenvermeidung	
1.2.1 Vermeidung von Invest. zum Kapazitätsausbau	Über die RFID-basierte Produktivitätssteigerung werden an den einzelnen Arbeitsstationen Ressourcen frei, die genutzt werden können, um die Auslastung der jeweiligen Arbeitsstationen zu erhöhen. Damit können Investitionen zum Ausbau der Kapazitäten in Form von weiteren Arbeitsstationen vermieden werden.
1.3 Umsatzsteigerung	

Tabelle 28: Beschreibung einmaliger Nutzen – Kitting-Bereich

2 Laufender Nutzen	Beschreibung
2.1 Kostenreduktion	
2.1.1 Reduktion von Suchaktionen (Q-Probleme)	Durch die RFID-basierte Erhöhung der Bestandstransparenz im Kitting-Bahnhof kann der Aufwand für Suchaktionen reduziert werden, die durch Qualitätsprobleme bei den verbauten Komponenten entstehen.
2.1.2 Reduktion von Suchaktionen (Priorität/Termine)	Mittels der erhöhten Bestandstransparenz im Kitting-Bahnhof können die durch Priorität- oder Terminänderung ausgelösten Suchaktionen reduziert werden.
2.1.3 Produktivitätssteigerung	Über den Wegfall manueller Scannvorgänge können Lohnkosten reduziert werden.
2.2 Kostenvermeidung	
2.2.1 Vermeidung von Re-Investitionen in Barcodetechnologie	Durch die langfristige Ablösung der Barcodetechnologie durch die RFID-Technologie entfallen Kosten für Re-Investitionen in die Barcodetechnologie.
2.3 Umsatzsteigerung	
2.3.1 Image-Gewinn	Von der Einführung der RFID-Technologie verspricht sich FSC unter anderem einen Image-Gewinn, der sich in einer Steigerung der Umsätze auswirken kann.
2.4 Sonstige	
2.4.1 Know-how-Aufbau	Hauptbeweggründe der RFID-Einführung sind für FSC das Sammeln von Erfahrungen und der unternehmensinterne Know-how-Aufbau. Die Realisierung der RFID-Einführung stellt somit auch in diesen Bereichen einen Nutzen dar, der in die Wirtschaftlichkeitsbewertung mit einfließen soll.
2.4.2 Bewertung von Optimierungspotenzial	In diesem ersten Schritt der RFID-Einführung ist nicht geplant, die über RFID erfassten Daten zur Auswertung, Prozessoptimierung und/oder Erhöhung der Transparenz entlang der Supply Chain – etwa in Form des MSCEM – zu nutzen. Dennoch bildet die Investition in diesem ersten Schritt die Basis für die etwaige Realisierung weiterer Nutzenvorteile in diesen Bereichen.

Tabelle 29: Beschreibung laufender Nutzen – Kitting-Bereich

4.2 Bewertung der Nutzenpotenziale

Zu den *monetär messbaren Nutzen* zählen jene Potenziale, die den Punkten „laufende Kostenreduktion" und „laufende Kostenvermeidung" zugeordnet sind. Für die Ermittlung ihrer finanziellen Gegenwerte werden in einem ersten Schritt – auf Basis von Kennzahlen aus dem GJ 2004/2005 – die jeweiligen Kostengrößen ermittelt. In einem zweiten Schritt werden diese mit den von FSC-Mitarbeitern geschätzten Reduzierungspotenzialen der RFID-Technologie gewichtet. Die Reduzierungspotenziale werden je Betrachtungszeitpunkt für drei Szenarien geschätzt: optimistisch (o), pessimistisch (p) und realistisch (r). Die nachstehenden Tabellen 30, 31, 32 und 33 zeigen die Bewertungsmethoden, Potenzialabschätzungen und finanziellen Größen der monetär bewertbaren Nutzen. Die den Kostengrößen zugrunde liegenden Kennzahlen können nicht ausgewiesen werden, da es sich hierbei ebenfalls um sensible Daten handelt.

2.1.1 Reduktion von Suchaktionen (Q-Probleme)										
Bewertungsmethode	Ø Zeitaufwand Suchaktion (Q-Probleme) p. a. * Ø Stundenlohn * bewertetes Reduzierungspotenzial									
		GJ 2006/2007			GJ 2007/2008			GJ 2008/2009		
	E.	p	r	o	p	r	o	p	R	o
Potenzialabschätz.	%	70	80	90	75	85	95	80	90	100
Monetärer Nutzen	€	18	21	24	20	22	25	21	24	26

Tabelle 30: Nutzenbewertung – Reduktion der Suchaktionen (Qualitätsprobleme)

2.1.2 Reduktion von Suchaktionen (Priorität/Termine)										
Bewertungsmethode	Ø Zeitaufwand Suchaktion (Priorität/Termine) p. a. * Ø Stundenlohn * bewertetes Reduzierungspotenzial									
		GJ 2006/2007			GJ 2007/2008			GJ 2008/2009		
	E.	p	r	o	p	r	o	p	R	o
Potenzialabschätz.	%	70	80	90	75	85	95	80	90	100
Monetärer Nutzen	€	9.224	10.524	11.860	9.883	11.201	12.519	10.542	11.860	13.178

Tabelle 31: Nutzenbewertung – Reduktion von Suchaktionen (Priorität/Termine)

Nutzenanalyse

2.1.3 Produktivitätssteigerung										
Bew.-methode	Ø Scanndauer pro Kiste * Ø Stundenlohn * Scannvorgänge im Jahr (PC) * bewertetes Reduzierungspotenzial									
		GJ 2006/2007			GJ 2007/2008			GJ 2008/2009		
	E.	p	r	o	p	r	o	p	r	o
Potenzial-abschätz.	%	100	100	100	100	100	100	100	100	100
Monetärer Nutzen	€	116.211	116.211	116.211	116.211	116.211	116.211	116.211	116.211	116.211

Tabelle 32: Nutzenbewertung – Produktivitätssteigerung

2.2.1 Vermeidung von Re-Investitionen in die Barcodetechnologie										
Bewertungsmethode	Höhe der Re-Investition p. a. * bewertetes Reduzierungspotenzial									
		GJ 2006/2007			GJ 2007/2008			GJ 2008/2009		
	E.	p	r	O	p	r	o	p	R	o
Potenzialabschätz.	%	70	80	90	75	85	95	80	90	100
Monetärer Nutzen	€	2.600	2.600	2.600	2.600	2.600	2.600	2.600	2.600	2.600

Tabelle 33: Nutzenbewertung – Vermeidung von Re-Investitionen in die Barcodetechnologie

Bei den übrigen Potenzialen handelt es sich um *nicht monetär messbare Nutzenvorteile*. In Anlehnung an Kaplan entfällt zunächst ihre Quantifizierung. Führt die Wirtschaftlichkeitsberechnung zu einem negativen Barwert, werden sie herangezogen, um zu prüfen, ob ihr erwarteter finanzieller Gegenwert dennoch eine Realisierung des Investitionsvorhabens rechtfertigt.[390]

5. Wirtschaftlichkeitsberechnung

Die Untersuchung der Wirtschaftlichkeit erfolgt unter Verwendung von Verfahren der dynamischen Investitionsrechnung. Eine Erläuterung der Verfahren entfällt, da sie nicht Gegenstand dieser Arbeit sind. Hier sei auf die Autoren Betge und Brugger verwiesen.[391] Die Berechnung der Wirtschaftlichkeit unterliegt nachstehenden Annahmen:

- Der *Zahlungszeitpunkt* ist jeweils am Ende eines Geschäftsjahres.
- Die *Laufzeit* umfasst den Investitionszeitpunkt am Ende des Geschäftsjahres 2005/2006 und drei weitere Geschäftsjahre.
- Der *interne Zinsfuß* beträgt 2,6 %.
- Zahlungsströme, die nach dem Geschäftsjahr 2008/2009 anfallen, werden nicht berücksichtigt (*Terminierung*: abruptes Ende).
- Effekte, die durch *Abschreibung* und *Steuern* entstehen, bleiben unberücksichtigt.

Eine Gegenüberstellung der Zahlungsströme in dem betrachteten Zeitraum ist in Tabelle 37 im Anhang gegeben. Die berechneten Kennzahlen Net Present Value (NPV), Internal Rate of Return (IRR) und Payback sind für die drei Szenarien in nachstehender Tabelle 34 aufgeführt.

Kennzahlen/Ergebnisse	Einh.	pessimistisch	realistisch	optimistisch
Net Present Value	€	187.054	190.818	194.581
Internal Rate of Return	%	57	58	59
Payback	Jahre	1,34	1,32	1,31

Tabelle 34: Wirtschaftlichkeitsberechnung – Kennzahlen

6. Ergebnisauswertung

Der *Net Present Value* einer Investition ergibt sich als Summe der zum internen Zinsfuß auf einen Bezugspunkt t = 0 diskontierten und miteinander verrechneten positiven und negativen Zahlungsflüsse (Kosten und Nutzen).[392] Als Kennzahl gibt der NPV den zusätzlichen Gewinn einer Investition bezogen auf t = 0 an, der gegenüber einer Kapitalanlage zum internen Zins-

Ergebnisauswertung

fuß entstehen würde. Eine Investition ist folglich erst dann vorteilhaft, wenn die mit dem internen Zinsfuß diskontierten Nutzengrößen mindestens ebenso hoch sind wie die abgezinsten Kosten (NPV gleich Null). Unwirtschaftlich ist eine Investition mit einem negativen NPV.[393] Die vorliegende Wirtschaftlichkeitsbetrachtung liefert für alle drei Szenarien jeweils einen stark positiven NPV. Die Realisierung der Investition ist somit für jedes der drei Szenarien als wirtschaftlich sinnvoll zu bewerten.

Mit der *Internal Rate of Return* wird die dynamische Rentabilität einer Investition ausgedrückt. Es handelt sich somit um eine Renditekennziffer, die angibt, mit wie viel Prozent sich das anlässlich einer Investition eingesetzte Kapital verzinst. Der Investor vergleicht die Rendite eines Projektes mit der geforderten Mindestverzinsung – dem angesetzten internen Zinsfuß. Sind IRR und die geforderte Mindestverzinsung gleich groß, erhält der Investor das eingesetzte Kapital zurück und erzielt exakt eine Kapitalverzinsung in Höhe der geforderten Mindestverzinsung. Ist der IRR – wie in den drei Szenarien der vorliegenden Wirtschaftlichkeitsuntersuchung – größer als die Mindestverzinsung, erhält der Investor das eingesetzte Kapital zurück, erzielt eine angemessene Kapitalverzinsung und darüber hinaus einen Überschuss in Höhe des NPV.[394]

Die *Payback-Dauer* gibt die Zeit an, in der das eingesetzte Kapital zurückgewonnen wird. Sie allein ist kein ökonomisch sinnvolles Entscheidungskriterium, sondern liefert lediglich Anhaltspunkte für das Kapitalverlustrisiko, das sich im Allgemeinen mit zunehmender Zeitdauer zur Kapitalrückgewinnung erhöht. Da sich die RFID-Einführung im Kitting-Bereich – je nach Szenario – bereits nach 15 bis 16 Monaten amortisiert, ist das Risiko des Kapitalverlustes als niedrig zu werten.

Die gewonnenen Ergebnisse (mit Ausnahme des IRR) werden nochmals in nachstehender Abbildung 32 veranschaulicht.

Besonders augenfällig sind die geringen Abweichungen zwischen den drei Szenarien, die darauf zurückzuführen sind, dass die Potenzialabschätzungen in den verschiedenen Szenarien beim Nutzenpotenzial „Produktivitätssteigerung" gleichwertig ausfallen. Wie in Abbildung 33 ersichtlich, stellt dieses Nutzenpotenzial mit Abstand den höchsten finanziellen Gegenwert dar.

Während die Nutzenpotenziale „Produktivitätssteigerung" und ‚Vermeidung von Re-Investitionen' auf das Ersetzen der Barcodetechnologie durch die RFID-Technologie zurückzuführen sind, gehen die beiden Nutzenpotenziale „Reduktion von Suchaktionen (Q-Probleme)" und „Reduktion von Suchaktionen (Priorität/Termine)" aus der erhöhten Bestandstransparenz im Kitting-Bahnhof hervor. Bei den vergleichsweise geringen finanziellen Gegenwerten dieser beiden letztgenannten Potenziale liegt die Vermutung nahe, dass die Kosten der RFID-Einführung im Kitting-Bahnhof zu einem großen Teil durch die Nutzen im restlichen Kitting-Bereich getragen werden. Eine Untersuchung der Nutzen und Kosten, die direkt aus der RFID-Einführung im Kitting-Bereich resultieren, führt zu den in Abbildung 34 dargestellten NPV.

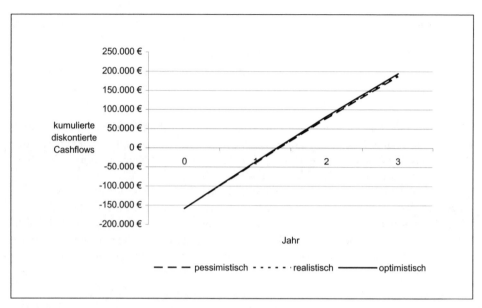

Abbildung 32: *Kumulierte diskontierte Cashflows*

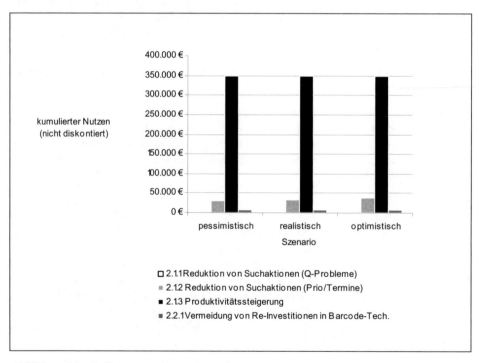

Abbildung 33: *Differenzierte Nutzenbetrachtung*

Die Investition in die RFID-Technologie im Kitting-Bahnhof ist somit zunächst für keines der drei Szenarien wirtschaftlich sinnvoll. Von Seiten Fujitsu Siemens Computers gilt es abzuwägen, ob die bislang nicht berücksichtigten, nicht monetär bewertbaren Nutzenpotenziale im Kitting-Bahnhof dennoch eine Investition in diesem Abschnitt des Kitting-Bereichs rechtfertigen. Andernfalls empfiehlt es sich, die RFID-Einführung auf den restlichen Kitting-Bereich zu beschränken.

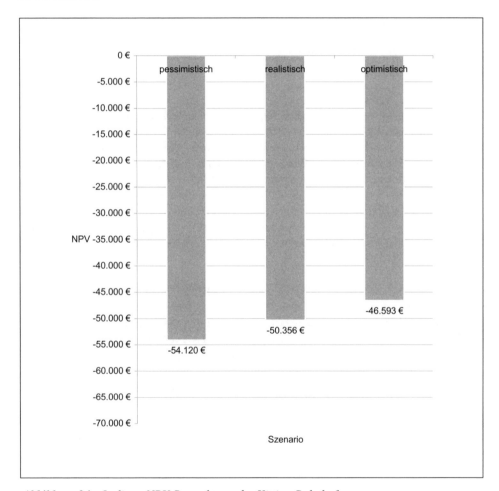

Abbildung 34: *Isolierte NPV-Betrachtung des Kitting-Bahnhofes*

Schlussbetrachtung

1. Zusammenfassung

Mit der Radio Frequency Identification wird derzeit eine Technologie diskutiert, die neue Möglichkeiten zur automatischen Identifikation und mobilen Datenspeicherung bereitstellt. Im Rahmen des Mobile Supply Chain Event Managements, dessen Ausgangspunkt und Voraussetzung die Verfügbarkeit von Echtzeitinformationen zum Materialfluss darstellt, bildet die verbesserte Datenqualität das Hauptpotenzial der RFID-Technologie. Unter Zuhilfenahme des SCOR-Modells wurde gezeigt, wie RFID in den einzelnen Prozesselementen der Supply Chain zur Datenerfassung genutzt werden kann. Dabei wurde verdeutlicht, dass der Einsatz der RFID-Technologie neben der Verbesserung der Datenqualität, die in den einzelnen Prozesselementen ablaufenden Aktivitäten zu unterstützen und/oder zu automatisieren vermag.

Die Untersuchung von Studien zur Verbreitung der RFID-Technologie sowie zu den fördernden und hemmenden Faktoren der Verbreitung ergab, dass Investitionsüberlegungen seitens der Unternehmen vor allem von dem Ziel, die Prozesseffizienz zu verbessern, geleitet werden. Unter den möglichen RFID-Anwendungen wird das Tracking & Tracing bzw. Supply Chain Event Management von Unternehmen aus den Logistik- und Hersteller-Branchen mit der höchsten Priorität bewertet. Aussagekräftige Studien zur tatsächlichen Verbreitung von RFID im Rahmen des Mobile Supply Chain Event Management können jedoch nicht gefunden werden. Generell ist derzeit das Ausmaß der Investitionen der Unternehmen in die RFID-Technologie moderat und geht nur in seltenen Fällen über Pilotprojekte hinaus. Als Ursache für die zurückhaltende Investitionsbereitschaft wurden insbesondere zwei Schlüsselprobleme identifiziert:

- die mangelnde Standardisierung und
- die hohen Kosten eines RFID-Systems.

Bereits bestehende operative Anwendungen beschränken sich in der Regel auf geschlossene Systeme. Durch den lokal begrenzten Einsatz der RFID-Technologie stellt hier die mangelnde Standardisierung ein weniger gravierendes Hindernis dar und der geschlossene Logistikkreislauf gewährleistet die Wiederverwertbarkeit der noch kostenintensiven Transponder. Die Implementierung stellt bei solchen Anwendungen somit ein vergleichsweise geringes Investitionsrisiko dar – führt allerdings zu einem lokal beschränkten Nutzen und einem geringen Beitrag für das Mobile Supply Chain Event Management.

Zuverlässige und umfassende Wirtschaftlichkeitsuntersuchungen des RFID-Einsatzes können weder speziell für das Mobile Supply Chain Event Management noch allgemein für offene logistische Systeme gefunden werden. Vorliegende Wirtschaftlichkeitsuntersuchungen beschränken sich auf isolierte Untersuchungs- und/oder Nutzenbereiche.

Im Rahmen dieses Buchs wurde ein Vorschlag zur finanziellen Bewertung von RFID-Anwendungen skizziert. In diesem Zusammenhang wurden RFID-spezifische Aufgaben für die Lösungskonzeption beschrieben, Kostentreiber und Nutzenpotenziale identifiziert und erläutert sowie Ansätze zur monetären Bewertung von Kostentreibern und Nutzenpotenzialen entwickelt. Die Anwendbarkeit des Bewertungsvorschlags wurde am Beispiel eines konkreten Einsatzfeldes bei der Fujitsu Siemens GmbH in Augsburg veranschaulicht. Die Untersuchungen beziehen sich auf einen Teilbereich der Fertigung. Hierbei handelt es sich um ein geschlossenes System, in dem Mehrwegbehälter und Rollpaletten mit Transpondern gekennzeichnet werden sollen. Die Untersuchung der Wirtschaftlichkeit hat gezeigt, dass dort der Hauptnutzen in der Produktivitätssteigerung liegt, die auf das Wegfallen des manuellen Scannens von Barcodeetiketten zurückzuführen ist.

2. Ausblick

Mit Blick auf die Zukunft lässt sich festhalten, dass Unternehmen das Potenzial der RFID-Technologie insbesondere auch für das Mobile Supply Chain Event Management erkannt haben. Richtungsweisend für die weitere Verbreitung im Allgemeinen, aber auch speziell für das Mobile Supply Chain Event Management sind die Ankündigungen einiger großer Unternehmen, die den Einsatz von Transpondern auf Ladungsträgern in ihren Zulieferketten fordern und somit weitere Markt- und technologische Reife bewirken. Weiter sinkende Preise für die RFID-Transponder und Lesegeräte sowie die fortschreitende Entwicklung von Technologie und Standardisierung werden dazu führen, dass der Einsatz von RFID auch in offenen logistischen Systemen wirtschaftlich sinnvoll wird. Dabei ist davon auszugehen, dass Unternehmen bei der RFID-Einführung stufenweise vorgehen werden: beginnend mit hochwertigen Ladungsträgern in geschlossenen Systemen bis hin zur Kennzeichnung einzelner Produkte in offenen Systemen.

Anhang

1. Barcode Anwendungsstandards

Anwendungsstandard	Einsatzgebiet	Aufgabenbereich	Barcode-symbolik
AIAG (Automotive Industry Action Group Association)	Automotive Supply Chain (überwiegend Nordamerika)	Konsens über die gemeinsame Auszeichnung aller Zulieferteile durch OEMs, Zulieferer und Logistikdienstleister	Code 39 u. a.
ANSI (American National Standards Institute)	Materialverwaltung	Barcodes auf Verladeeinheiten und Transportbehältern	Code 39 u. a.
HIBCC (Health Industry Business Communications Council) bzw. EHIBCC (European Health Industry Business Communications Council)	Healthcare	Konsens über die einheitliche Auszeichnung innerhalb der Supply Chain zur Kontrolle und Steuerung (marketing-) logistischer Prozesse	LIC, HIN, UPN, HIBC, Code 39
IATA (International Air Transport Association)	Flugwesen	Überwachung und Steuerung der Frachtsortierung sowie der Clearingfunktionen	Code 39 u. a.
ISBN (International Standard Book Numbering) bzw. ISSN (International Standard Serial Number)	Buchhandel (gedruckte und elektronische Publikationen)	Abwicklung von Geschäftsprozessen im Verlagswesen EAN 128 und OCR	EAN 128 und OCR
UCC (Uniform Code Council, ehemals UPC (Uniform Product Code)	v. a. Konsumgüterindustrie (Nordamerika)	Auszeichnung von Artikeln	UCC-A, UCC-E, UCC-D
EAN (Markenzeichen für das von der International Article Numbering Association verwaltete System; ehemals Europäische Artikelnummerierung)	v. a. Konsumgüterindustrie (international)	Auszeichnung von Artikeln und Ladeeinheiten insbesondere zur Überwachung und Steuerung (marketing-) logistischer Prozesse	EAN 8, EAN 13, EAN 128, Palettenlabel

Tabelle 35: Barcode Anwendungsstandards[395]

2. Studien zur Verbreitung von RFID

Autoren	Titel	Teilnehmer	Zitierte Ergebnisse
Accenture 04/2004	High Performance Enabled through Radio Frequency Identification – Accenture Research on Manufacturere Perspectives	80 größere Hersteller aus USA, GB, BRD, F	■ Bedarf an RFID-Implementierung liegt insbesondere in den Bereichen T&T, Warehouse Management, Transport und Logistik, Inventory Management
AMR Research 07/2005	Technology Assessment: 2005-2007: Where ist the ROI?	500 Unternehmen	■ Moderate Wachstumsraten der RFID-Investitionen ■ Großteil der Unternehmen planen noch 2005, RFID zu evaluieren, zu pilotieren oder zu implementieren ■ Mangelende Standardisierung und hohe Kosten der RFID-Systeme stellen die wesentlichen Hindernisse des RFID-Einsatzes dar
Booz Allen Hamilton und Universität St. Gallen, 06/2004	RFID-Technologie: Neuer Innovationsmotor für Logistik und Industrie?	30 Großunternehmen aus BRD, F, A, CH, GB, USA	■ RFID rentiert sich insbesondere in Close-Loop-Systemen ■ Einsatz stark durch proaktive Vermarktung und Marktmacht des Handels vorangetrieben ■ Investitionen vergleichsweise niedrig und beschränken sich in der Regel auf Pilotprojekte
Frauenhofer IML, 2004	Radio Frequenz Identifikation 2004 – Logistiktrends für Industrie und Handel	100 Unternehmen aus Industrie, Handel und Dienstleistung in BRD	■ Akzeptierte Preisobergrenze für RFID-Transponder zur Produktkennzeichnung liegt bei < 0,10 € ■ Akzeptierte Preisobergrenze für RFID- Transponder zur Kennzeichnung von Verpackungen liegt bei ca. 0,50 €

Frauenhofer IML, Logistik für Unternehmen, 07/2005	Bedeutung von RFID und Barcode in der Logistik	Keine Angaben	■ Die Mehrheit der Unternehmen erhofft sich durch den Einsatz von RFID eine Senkung der Prozesskosten und eine Verbesserung der Qualität und der Informationstransparenz ■ Aufklärungsbedarf besteht besonders bzgl. Auswirkung auf Prozesse, Standardisierung und notwendige Investitionen ■ Akzeptierte Preisobergrenze für RFID-Transponder liegt bei 0,10 €
IZT, BSI 05-08/2004	Risiken und Chancen des Einsatzes von RFID-Systemen	70 RFID-Anbieter aus BRD	■ RFID-Technologie hebt sich bei der Bewertung insbesondere bzgl. der Leistungsfähigkeit, Funktionssicherheit und Informationssicherheit von traditionellen Verfahren der Auto-ID ab ■ Hohe Kosten der Anschaffung und Implementierung werden als Schwäche der RFID-Technologie im Vergleich zu den trad. Auto-ID-Verfahren gesehen
LogicaCMG, 04/2004	Making Waves: RFID Adoption in Returnable Packaging	50 europäische Unternehmen	■ RFID steht kurz vor dem Durchbruch
Log-IT-Club e. V., 03-04/2004	E-Logistics ist wachstumsstarker Branchenzweig des ITK-Marktes – Aktuelle eDex-Auswertung zieht Zwischenbilanz	150 Unternehmen aus Informationslogistik- und E-Logistik-Branche in BRD	■ Haupteinsatzgebiete von RFID wird in den Bereichen Rückverfolgbarkeit/SCEM und Behältermanagement gesehen

Tabelle 36: Studien zur Verbreitung von RFID

3. Installationspunkte der RFID-Lesegeräte im Kittingbereich

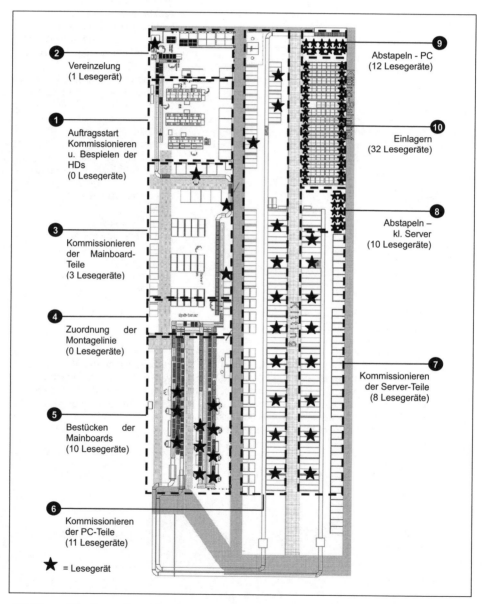

Abbildung 35: *Darstellung der Installationspunkte der RFID-Lesegeräte im Kitting-Bereich*

4. Wirtschaftlichkeitsberechnung – Zahlungsströme

	Einh.	GJ 2005 0 pessimist.	realistisch	optimist.	GJ 2006 1 pessimist.	realistisch	optimist.	GJ 2007 2 pessimist.	realistisch	optimist.	GJ 2008 3 pessimist.	realistisch	optimist.
Nutzen													
1. Einmaliger Nutzen	€	0	0	0	128.054	129.374	130.694	128.714	130.034	131.355	129.374	130.694	132.015
1.1 Kostenreduktion	€	0	0	0	0	0	0	0	0	0	0	0	0
1.2 Kostenvermeidung	€	0	0	0	0	0	0	0	0	0	0	0	0
1.3 Umsatzsteigerung	€	0	0	0	0	0	0	0	0	0	0	0	0
2. Laufender Nutzen	€	0	0	0	128.054	129.374	130.694	128.714	130.034	131.355	129.374	130.694	132.015
2.1 Kostenreduktion	€	0	0	0	125.454	126.774	128.094	126.114	127.434	128.755	126.774	128.094	129.415
2.2 Kostenvermeidung	€	0	0	0	2.600	2.600	2.600	2.600	2.600	2.600	2.600	2.600	2.600
2.3 Umsatzsteigerung	€	0	0	0	0	0	0	0	0	0	0	0	0
2.4 Sonstige	€	0	0	0	0	0	0	0	0	0	0	0	0
Kosten	€	158.081	158.081	158.081	6.000	6.000	6.000	6.000	6.000	6.000	11.000	11.000	11.000
1. Einmalige Kosten	€	158.081	158.081	158.081	0	0	0	0	0	0	0	0	0
1.1 Investitionen	€	61.216	61.216	61.216	0	0	0	0	0	0	0	0	0
1.2 Arbeits-"Dienstleistungsaufwand	€	96.865	96.865	96.865	0	0	0	0	0	0	0	0	0
2. Laufende Kosten	€	0	0	0	6.000	6.000	6.000	6.000	6.000	6.000	11.000	11.000	11.000
2.1 Hardware- und Applikationskosten	€	0	0	0	6.000	6.000	6.000	6.000	6.000	6.000	11.000	11.000	11.000
Cashflow*	€	-158.081	-158.081	-158.081	122.054	123.374	124.694	122.714	124.034	125.355	118.374	119.694	121.015
Diskontierungsfaktor		1	1	1	0,97466	0,97466	0,97466	0,94996	0,94996	0,94996	0,92589	0,92589	0,92589
diskontierter Cashflows*	€	-158.081	-158.081	-158.081	118.961	120.248	121.534	116.573	117.828	119.082	109.601	110.823	112.046
Cashflow* - kumuliert	€	-158.081	-158.081	-158.081	-36.027	-34.707	-33.387	86.686	89.327	91.368	205.060	209.022	212.983
diskontierte Cashflows* - kumuliert	€	-158.081	-158.081	-158.081	-39.120	-37.833	-36.547	77.463	79.994	82.535	187.054	190.818	194.581

* im Sinne einer Vor-Steuer-Betrachtung (d.h. ohne Berücksichtigung von Abschreibungen und Steuereffekten)

Tabelle 37: Wirtschaftlichkeitsberechnung – Zahlungsströme

Literaturverzeichnis

ACCENTURE (2004): High Performance Enabled through Radio Frequency Identification – Accenture Research on Manufacturer Perspectives, http://www.accenture.com/xdoc/en/services/rfid/insights/rfid_insights_epc.pdf, Abruf: 01.09.2005.

ALEXANDER, K./BIRKHOFER, G./GRAMLING, K./KLEINBERGER, H./LENG, S./MOOGIMANE, D./WOODS, M. (2002): Focus on Retail: Applying Auto-ID to Improve Product Availability at the Retail Shelf, 01.06.2002, http://archive.epcglobalinc.org/publishedresearch/IBM-AUTOID-BC-001.pdf, Abruf: 26.09.2005.

ALEXANDER, K./GILLIAM, T./GRAMLING, K./GRUBELIC, C./KLEINBERGER, H./LENG, S./MOOGIMANE, D./SHEEDY, C. (2002a): Applying Auto-ID to Reduce Losses Associated with Shrink, 01.11.2002, http://archive.epcglobalinc.org/publishedresearch/IBM-AUTOID-BC-004.pdf, Abruf: 26.09.2005.

ALEXANDER, K./GILLIAM, T./GRAMLING, K./GRUBELIC, C./KLEINBERGER, H./LENG, S./MOOGIMANE, D./SHEEDY, C. (2002b): Applying Auto-ID to Reduce Losses Associated with Product Obsolescene, 01.11.2002, http://archive.epcglobalinc.org/publishedresearch/IBM-AUTOID-BC-004.pdf, Abruf: 26.09.2005.

ALEXANDER, K./GILLIAM T./GRAMLING, K./KINDY, M./MOOGMIMANE, D./SCHULTZ, M./WOODS, M. (2002): Focus on the Supply Chain: Applying Auto-ID within the Distribution Center, 01.06.2002, http://archive.epcglobalinc.org/publishedresearch/IBM-AUTOID-BC-002.pdf, Abruf: 26.09.2005.

ALLAG, A. C./HÖß, O./ROSENTAHL, D./SPATH, D./WEISBECKER, A./VEIR, M. (2005): Ein Klassifikationsschema für die Architektur von mobilen Anwendungen – Erläutert an einem Praxisbeispiel zur mobilen Erfassung von Führerscheinprüfungen, in: Hampe, J. F./Lehner, F./Pousttchi, K./Rannenberg, K./Turowski, K. (Hrsg): Mobile Business – Processes, Platforms, Payments – Proceedings zur 5. Konferenz Mobile Commerce Technologien und Anwendungen (MCTA 2005), Bonn 2005, S. 131-142.

ANGELES, R. (2005): RFID- Technologies: Supply-Chain Applications and Implementation Issues, in: Information Systems Management, Vol. 22. No. 1, Winter 2005, New York, S. 51-65.

ANGERER, A./DITTMANN, L. (2003): Einsatzfelder von RFID in der Logistik am Beispiel der Warenrückverfolgung, St. Gallen 2003, http://www.klog.unisg.ch/org/klog/web.nsf/

SysWebRessources/Angerer_RFID+in+der+Logistik/$FILE/Angerer_RFID_zur_ Warenrueckverfolgung_2003.pdf, Abruf: 08.08.2005.

ARNOLD, D./ISERMANN, H./KUHN, A./TEMPELMEIER, H. (2004): Handbuch Logistik, 2., aktualisierte und korrigierte Auflage, Berlin et al. 2002.

BETGE, P. (2000): Investitionsplanung, 4., überarbeitete Auflage, München 2000.

BECKER, J./SCHÜTTE, R. (2004): Handelsinformationssysteme, 2. vollst. aktualisierte und erweiterte Auflage, Frankfurt am Main 2004.

BECKMANN, H. (2004): Supply Chain Mangement: Grundlagen, Konzept und Strategien, in: BECKMANN, H. (Hrsg.): Supply Chain Management – Strategien und Entwicklungstendenzen in Spitzenunternehmen, Berlin 2004, S. 1-97.

BÖHMER, R./BRÜCK, M./REES, J. (2005): Unternehmen – Funkchips. Die Welt in 96 Ziffern, in: Wirtschaftswoche, 59. Jg., Nr. 3, 2005, Düsseldorf, S. 36-44.

BÖHNLEIN, C.-B. (2002):Modellierung und Simulation des Bullwhip-Effekts mit Petri-Netzen, in: WISU das Wirtschaftsstudium, 31. Jg., Nr. 8-9, 2002, Düsseldorf, S. 1124-1127.

BOOZ ALLEN HAMILTON/UNIVERSITÄT ST. GALEN (2004): RFID-Technologie: Neuer Innovationsmotor für Logistik und Industrie?, http://www.boozallen.de/content/downloads/5h_rfid.pdf, Abruf: 02.09.2005.

BORNHÖVD, C./LIN, T./HALLER, S./SCHAPER, J. (2004): Integrating Automatic Data Acquisition with Business Process Experiences with SAP's Auto-ID Infrastructure, in: FREYTAG, J.-C./LOCKEMANN, P.C./ABITEBOUL, S./CAREY, M./SELINGER, P./HEUER, A. (Hrsg.): Proceedings of the Thirtieth International Conference on Very Large Data Bases, Toronto, 2004, S. 1182-1188.

BOUSHKA, M./GINSBURG, L./HABERSTROH, J./HAFFEY, T./RICHARD, J./TOBOLSKI, J. (2003): Auto-ID on the Move: The Value of Auto-ID Technology in Freight Transportation, 01.11.2002, http://archive.epcglobalinc.org/publishedresearch/ACN-AUTOID-BC-003.pdf, Abruf: 26.09.2005.

BRETZKE, W.-R./KLETT, M. (2004): Supply Chain Event Management als Entwicklungspotenzial für Logistikdienstleister, in: Beckmann, H. (Hrsg.): Supply Chain Management – Strategien und Entwicklungstendenzen in Spitzenunternehmen, Berlin 2004, S. 146-160.

BRETZKE, W.-R./STÖLZLE, W./KARRER, M./PLOENES, P. (2002): Vom Tracking & Tracing zum Supply Chain Event Management – aktueller Stand und Trends, Düsseldorf 2002.

BRUGGER, R. (2005): Der IT Business Case – Kosten ermitteln und analysieren, Nutzen erkennen und quantifizieren, Wirtschaftlichkeit nachweisen und realisieren, Berlin et al. 2005.

BUDDE R. (1991): Scanning und Barcode: Datenerfassung mit optischen Methoden – Ein Leitfaden zur Rationalisierung der Logistik für Klein- und Mittelbetriebe, Wiesbaden 1991.

BULLINGER, H.-J./LUNG, M. M. (1994): Planung der Materialbereitstellung in der Montage, Stuttgart 1994.

BUNDESAMT FÜR SICHERHEIT IN DER INFORMATIONSTECHNIK (2004): Risiken und Chancen des Einsatzes von RFID-Systemen, Bonn 2004.

BUSCH, A./DANGELMAIER, W. (2002): Integriertes Supply Chain Management – ein koordinationsorientierter Überblick, in: BUSCH, A./DANGELMAIER, W. (Hrsg.): Integriertes Supply Chain Management – Theorie und Praxis effektiver unternehmensübergreifender Geschäftsprozesse, Wiesbaden 2002, S. 1-21.

CHAPPEL G./DURDAN, D./GILBERT, G./GINSBURG, L./SMITH, J./TOBOLSKI, J. (2002): Auto-ID on Delivery: The Value of Auto-ID Technology in the Retail Supply Chain, 11.01.2002, http://archive.epcglobalinc.org/publishedresearch/ACN-AUTOID-BC-004.pdf, Abruf: 26.09.2005.

CHAPPEL G./DURDAN, D./GILBERT, G./GINSBURG, L./SMITH, J./TOBOLSKI, J. (2003): Auto-ID in the Box: The Value of Auto-ID Technology in Retail Stores, http://archive.epcglobalinc.org/publishedresearch/ACN-AUTOID-BC006.pdf, Abruf: 26.09.2005.

CHAPPEL, G./GINSBURG, L./SCHMIDT, P./SMITH, J./TOBOLSKI, J. (2002): Auto-ID on Demand: The Value of Auto-ID Technology in Consumer Packaged Goods Demand Planning, 01.11.2002, http://archive.epcglobalinc.org/publishedresearch/ACN-AUTOID-BC-002.pdf, Abruf: 26.09.2005.

CHAPPEL, G./GINSBURG, L./SCHMIDT, P./SMITH, J./TOBOLSKI, J. (2003): Auto-ID on the Line: The Value of Auto-ID Technology in Manufacturing, 01.02.2003, http://archive.epcglobalinc.org/publishedresearch/ACN-AUTOID-BC005.pdf, Abruf: 26.09.2005.

CHRIST, O./FLEISCH, E./MATTERN, F. (2003): M-Lab – The Mobile and Ubiquitous Computing Lab, Phase II Project Plan German Version 09d, http://www.m-lab.ch/about/MLabIIProjectPlan.pdf, 25.04.2003, Abruf: 02.06.2005.

CHRISTOPHER, M. (1998): Logistics and Supply Chain Management – Strategies for Reducing Costs and Improving Services, 2. Edition, London et al. 1998.

COOPER, M. C./LAMBERT, D. M./PAGH, J. D. (1997): Supply Chain Management: More Than a New Name for Logistics, in: The International Journal of Logistics Management, Vol. 8, No. 1, Ponte Vedra Beach 1993, S. 1-14.

CORSTEN, H./GÖSSINGER R. (2001): Einführung in das Supply Chain Management, München/Wien 2001.

DANGELMAIER, W. (2002): Technische Informationssysteme, in: FISCHER, J./HEROLD, W./DANGELMAIER, W./NASTANSKY, L./SUHL, L. (Hrsg.): Bausteine der Wirtschaftsinformatik – Grundlagen, Anwendungen, PC-Praxis, 3., überarbeitete Auflage, Berlin 2002, S. 147-233.

DANGELMAIER, W. / PAPE, U. / RÜTHER, M. (2001): Supply Chain Management bei werksübergreifender Frachtkostenoptimierung, in: WISU das Wirtschaftsstudium, 30. Jg., Nr. 10, 2001, Düsseldorf, S. 1368-1382.

DANGELMAIER, W. / PAPE, U. / RÜTHER, M. (2004): Agentensysteme für das Supply Chain Management: Grundlagen – Konzepte – Anwendungen, Wiesbaden 2004.

DANGELMAIER, W./GAJEWSKI, T./PAPE, U./RÜTHER, M. (2002): Multi-Agenten-Systeme als Ansatz zur Verbesserung der Supply Chain, in: WISU das Wirtschaftsstudium, 31. Jg., Nr. 4, 2002, Düsseldorf, S. 552-563.

DURLACHER RESEARCH LTD. (2001): UMTS Report – An Investment Perspective, London und Bonn 2001.

EHRMANN, H. (2001): Logistik, 3., überarbeitete und aktualisierte Auflage, Ludwigshafen 2001.

ENNIGROU, E. (2002): mySAP mobile Business – Strategien, Applikationen und Technologie, in: HARTMANN, D. (Hrsg.): Geschäftsprozesse mit Mobile Computing – konkrete Projekterfahrung, technische Umsetzung, kalkulierbarer Erfolg des Mobile Business, Braunschweig et al. 2002, S. 229-250.

FIGGENER, O. (2005): Bedeutung von RFID und Barcode in der Logistik, in: Logistik für Unternehmen, 19. Jg., Nr. 9, 2005, Düsseldorf S. 26-27.

FINKENZELLER, K. (2002): RFID-Handbuch: Grundlagen und praktische Anwendungen induktiver Funkanlagen, Transponder und kontaktloser Chipkarten, 3., aktualisierte und erweiterte Auflage, München et al. 2002.

FLEISCH, E. (2001a): Das Netzwerkunternehmen – Strategien und Prozesse zur Steigerung der Wettbewerbsfähigkeit in der „Networked economy", Berlin et al. 2001.

FLEISCH, E. (2001b): Betriebswirtschaftliche Perspektiven des Ubiquitous Computing, in: BUHL, H. U./HUTHER, A./REITWIESNER, B. (Hrsg.): Information Age Economy, Heidelberg 2001, S. 177-191.

FLEISCH, E. (2002): Von der Vernetzung von Unternehmen zur Vernetzung von Dingen, in: SCHÖGEL, M./TOMCZAK, T./BELZ, C. (Hrsg.): Roadm@p to E-Business – wie Unternehmen das Internet erfolgreich nutzen, St. Gallen 2002, S. 124-135.

FLEISCH, E. (2005): Das Internet der Dinge – Die Zukunft der RFID-Technologie, in: SAP Info Solutions, Nr. 5, 2005, Walldorf, S. 8.

FLEISCH, E./CHRIST, O. (2003): Identifikation in der Supply Chain, in: BOUTELLIER, R./WAGNER, S. M./WEHRLI, H. P. (Hrsg.): Handbuch Beschaffung. Strategien – Methoden – Umsetzung, München et al. 2003, S. 45-61.

FLEISCH, E./CHRIST, O./DIERKES, M. (2005): Die betriebswirtschaftliche Version des Internets der Dinge, in: FLEISCH, E./MATTERN, F. (Hrsg.): Das Internet der Dinge – Ubiquitous Computing und RFID in der Praxis, Berlin et al. 2005, S. 3-37.

FLEISCH, E./MATTERN, F./BILLINGER, S. (2003): Betriebswirtschaftliche Applikationen des Ubiquitous Computing, in HMD – Praxis der Wirtschaftsinformatik, 40. Jg., Nr. 229, 2003, Heidelberg, S. 5-15.

FLEISCH, E./MATTERN, F./ÖSTERLE, H. (2002): Betriebliche Anwendungen mobiler Technologien: Ubiquitous Commerce, 2002, http://www.m-lab.ch/pubs/u-commerce.pdf, Abruf: 13.07.2005.

FLOERKEMEIER, C. (2005): EPC-Technologie – vom Auto-ID Center zu EPCglobal, in: FLEISCH, E./MATTERN, F. (Hrsg.): Das Internet der Dinge – Ubiquitous Computing und RFID in der Praxis, Berlin et al. 2005, S. 87-100.

FRAUNHOFER INSTITUT MATERIALFLUSS UND LOGISTIK (2004): Radio Frequenz Identifikation 2004 – Logistiktrends für Industrie und Handel, http://www.logistics.de/logistics/elogistics.nsf/CC88B7C67C8BFF44C1256F330028CA97/$File/imlstudie.pdf, Abruf: 01.08.2005.

FÜßLER, A. (2001): Radiofrequenztechnik zu Identifiaktionszwecken (RFID) für die Automatisierung von Warenströmen, in: BUCHHOLZ, W./WERNER, H. (Hrsg.): Supply Chain Solutions: Best Practices in e-Business, Stuttgart 2001, S. 87-104.

GANN, C. (2005): Von Produkten zu Prozessen – RFID in der Konsumgüterindustrie, in: SAP Info Solutions, Nr. 5, 2005, Walldorf, S. 16.

GEIMER, H./BECKER, T. (2000): Mit dem Supply Chain Operations Reference-Modell (SCOR) Prozesse optimieren, in: LAWRENZ, O./HILDEBRAND, K./NENNINGER, M. (Hrsg.): Supply Chain Management – Strategien, Konzepte und Erfahrungen auf dem Weg zu E-Business Networks, Braunschweig/Wiesbaden 2000, S. 109-132.

GLÖCKNER, H.-H./PIETERS, R./DE ROOIJ, W. (2003): Transpondertechnik – Weg in die Zukunft?, in: Logistik Heute, 25. Jg., Nr. 7-8, 2003, München, S. 56-57.

GOETSCHALCKX, M./FLEISCHMANN, B. (2005): Strategic Network Planning in: STADTLER, H./KILGER C. (Hrsg.): Supply Chain Management and Advanced Planning – Concepts, Models, Software and Case Studies, Third Edition Wiesbaden 2002, S. 117-137.

GÖPFERT, I. (2002): Einführung, Abgrenzung und Weiterentwicklung des Supply Chain Managements, in: BUSCH, A./DANGELMAIER, W. (Hrsg.): Integriertes Supply Chain Management – Theorie und Praxis effektiver unternehmensübergreifender Geschäftsprozesse, Wiesbaden 2002, S. 25-44.

GOODMAN, P. S. (2002): China's Killer Headache: Fake Pharamceuticals, in: The Washington Post, 30.08.2002, S. A01.

GROSS, S./THIESSE, F. (2005): RFID-Systemeinführung – Ein Leifaden für Projektleiter, in: FLEISCH, E./MATTERN, F. (Hrsg.): Das Internet der Dinge – Ubiquitous Computing und RFID in der Praxis, Berlin et al. 2005, S. 303-313.

GS1 IRELAND (2004): UCC/EAN-128 Guidlines Version 2 – A guide to the implementation of the EAN 128 bar code on pallet and outer case labels in the grocery trade in Ireland, http://www.gs1.ie/article_upload/519431_EAN%20128%20Guidelines%20v2.pdf, Abruf: 04.07.2005.

HAHN, D. (2000): Problemfelder des Supply Chain Management, in: WILDEMANN, H. (Hrsg.): Supply Chain Management, München 2000, S. 9-21.

HANHART, D./LEGNER, C./ÖSTERLE, H. (2005): Anwendungsszenarien des Mobile und Ubiquitous Computing in der Instandhaltung, in: HAMPE, J. F./LEHNER, F./POUSTTCHI, K./RANNENBERG, K./TUROWSKI, K. (Hrsg): Mobile Business – Processes, Platforms, Payments – Proceedings zur 5. Konferenz Mobile Commerce Technologien und Anwendungen (MCTA 2005), Bonn 2005, S. 45-58.

HEINRICH, C. (2005): RFID and Beyond – Growing Your Business Through Real World Awareness, Indianapolis 2005.

HEINRICH, C. E./WOODS, D. (2005): Durchblick gewinnen – Wie RFID-Technik Mehrwert schafft, in: SAP Info Solutions, Nr. 5, 2005, Walldorf, S. 4-5.

HELLINGRATH, B./LAAKMANN, F./NAYABI, K. (2003): Auswahl und Einführung in SCM-Softwaresystemen, in: BECKMANN, H. (Hrsg.): Supply Chain Management: Strategien und Entwicklungstendenzen in Spitzenunternehmen, Berlin et al. 2003, S. 99-122.

HERZOG, O./RÜGGE, I./BORONOWSKY, M./NICOLAI, T. (2003): Potenziale des Wearable Computing in der Industrie – am Beispiel der Industrie, in: GAUSEMEIER, J./GRAFE, M. (Hrsg.): Augmented & Virtual Reality in der Produktentstehung – Grundlagen, Methoden und Werkzeuge, Paderborn 2003, S. 21-29.

HOCKENBERGER, S. (2005): Automatisierung pur – Radio Frequency Identification (RFID) in der Automobilindustrie, in: SAP Info Solutions, Nr. 5, 2005, Walldorf, S. 15.

HOFMEYER, S. (2005): Zwischen Hype und Historie: RFID hat Befürworter – aber auch Gegner, in: SAP Info Solutions, Nr. 5, 2005, Walldorf, S. 4-5.

HOFMEYER, S. (2003): Liefertreue groß geschrieben – Leybold Vakuum plant Absatz und Produktion mit SAP Advanced Planner & Optimizer, in: SAP Info, Nr. 109, 2003, Walldorf, S. 50-52.

HUNEWALD, C. (2005): Supply Chain Event Management – Anforderungen und Potenziale am Beispiel der Automobilindustrie, Wiesbaden 2005.

INTERMEC/SAP AG (2005): RFID Starter Kit für Metro-Lieferanten, 17.05.2005, http://www.sap.com/germany/media/mc_437/RFID_StarterKit_CP_Final.pdf, Abruf: 24.07.2005.

JANSEN, R. (1989): Alle Anforderungen berücksichtigen – Kostenerfassung und Leistungsverrechnung in der Verpackungsplanung, in: Beschaffung aktuell, 36. Jg., Nr. 6, 1989, Leinfelden-Echterdingen, S. 78-81.

JESSE R./ROSENBAUM, O. (2000): Barcode – Theorie, Lexikon, Software, Berlin 2000.

JÜNEMANN, R./SCHMIDT, T. (2000): Materialflußsysteme – Systematische Grundlagen, 2. Auflage, Berlin et al. 2000.

KALUZA, B./BLECKER, T. (2000): Supply Chain Management und Unternehmung ohne Grenzen, in: WILDEMANN, H. (Hrsg.): Supply Chain Management, München 2000, S. 117-152.

KAPLAN, R. S. (1986): Must CIM be justified by faith alone?, in: Harvard Business Review, Vol. 64, Issue 2, 1986, Boston, S. 87-95.

KARRER, M. (2003): Supply Chain Event Management – Impulse zur ereignisorientierten Steuerung von Supply Chains, in: DANGELMAIER, W./GAJEWSKI, T./KÖSTERS, C. (Hrsg.): Innovationen im E-Business – die 5. Paderborner Frühjahrstagung des Fraunhofer-Anwendungszentrums für Logistikorientierte Betriebswirtschaft, ALB-HNI-Verlagsschriftenreihe Innovative Produktion und Logistik (Band 10), Paderborn 2003, S. 187-198.

KILGER, C./SCHNEEWEISS, L. (2005): Computer Assembly, in: STADTLER, H./KILGER, C. (Hrsg.): Supply Chain Management and Advanced Planning – Concepts, Models, Software and Case Studies, 3. Auflage, Berlin et al. 2005, S. 389-406.

KOH, R./STAAKE, T. (2005): Nutzen von RFID zur Sicherung der Supply Chain der Pharmaindustrie, in: FLEISCH, E./MATTERN, F. (Hrsg.): Das Internet der Dinge – Ubiquitous Computing und RFID in der Praxis, Berlin et al. 2005, S. 161-175.

KRÜGER, R./MELLEIN, H. (2003): UMTS – Einführung und Messtechnik, Poing 2003.

MACKE, L. (2005): Pilotversuche erweisen Praxisfähigkeit der RFID-Technologie – Drei Logistikdienstleister berichten über Praxisreihen, in: Logistik für Unternehmen, 19. Jg., Nr. 7-8, 2005, Düsseldorf, S. 46-48.

LAMBERT, D. M./COOPER, M. C. (2000): Issues in Supply Chain Management, in: Industrial Marketing Management, (29)2000, S.65-83.

LAMPE, M./FLÖRKEMEIER, C./HALLER, S. (2005): Einführung in die RFID-Technologie, in: FLEISCH, E./MATTERN, F. (Hrsg.): Das Internet der Dinge – Ubiquitous Computing und RFID in der Praxis, Berlin et al. 2005, S. 69 -86.

LEAVER, S. (2004): Evaluating RFID Middleware, 13.08.2005, http://www.forrester.com/Research/PDF/0,5110,34390,00.pdf, Abruf: 26.09.2005.

LEBMÖLLMANN, C. (2004): Schnelle und flexible Supply Chain mit RFID – Schlaue Labels, in: SAP Info, Nr. 119, 2004, Walldorf, S. 34-36.

LOGICACMG (2004): Making Waves: RFID Adoption in Returnable Packaging, 08.04.2004, http://www.logicacmg.com/pdf/RFID_study.pdf, Abruf: 02.08.2005.

LOGISTIK FÜR UNTERNEHMEN (2005): E-Logistics ist wachstumsstarker Branchenzweig des ITK-Marktes – Aktuelle eDex-Auswertung zieht Zwischenbilanz, in: Logistik für Unternehmen, 19. Jg., Nr. 4-5, 2005, Düsseldorf, S. 22-23.

MATTERN, F. (2005): Die technische Basis für das Internet der Dinge, in: FLEISCH, E./MATTERN, F. (Hrsg.): Das Internet der Dinge – Ubiquitous Computing und RFID in der Praxis, Berlin et al. 2005, S. 39-66.

MAYR, F. (2004): Identtechnik – Wie ein Lagerverwaltungssystem effizient arbeitet, in: Frischelogistik, 2. Jg., Nr. 3, 2004, Bergen/Dumme, S. 32-33.

MERSINGER, M./KLAFFT, M./STALLKAMP, J. (2004): Mobile Datenerfassung in der Produktion zur Optimierung von Anlauf und Betrieb, in: PPS Management, 9. Jg., Nr. 1, 2004, Berlin, S. 48-50.

NAGEL, I. (2000): Champagner auf Reisen – Mobile Datenerfassung in der Lagerverwaltung, in SAP Info, Nr. 75, 2000, Walldorf, S. 46-49.

NEUMANN, P. (2003): Frischelogistik – Frostiger Fluss, in: Logistik Heute, 25. Jg., Nr. 12, 2003, München, S. 20-21.

NISSEN, V. (2002): Supply Chain Event Management als Beispiel für Electronic Business in der Logistik, in: GABRIEL, R./HOPPE, U. (Hrsg.): Electronic Business – Theoretische Aspekte und Anwendungen in der betrieblichen Praxis, Heidelberg 2002, S. 429-445.

O' CONNOR, M. C. (2005): Most RFID Users Believe RFID Lacks ROI, 22.07.2005, http://www.rfidjournal.com/article/articleview/1753/1/1/, Abruf: 01.09.2005.

PICOT, A./REICHWALD, R./WIGAND, R. (2003): Die grenzenlose Unternehmung – Information, Organisation und Management, 5. Auflage, Wiesbaden, 2003.

PFAFF, D./SKIERA, B. (2002): Ubiquitous Computing – Abgrenzung, Merkmale und Auswirkungen aus betriebswirtschaftlicher Sicht, in: BRITZELMAIER, B./GEBERL, S./WEINMANN, S. (Hrsg.): Wirtschaftsinformatik: Der Mensch im Netz – Ubiquitous Computing, 4. Liechtensteinisches Wirtschaftsinformatik-Symposium an der Fachhochschule Liechtenstein, Lichtenstein et al. 2002, S. 24-37.

PFLAUM, A. (2001): Transpondertechnologie und Supply-Chain-Management: elektronische Etiketten – bessere Identifikationstechnologien in logistischen Systemen?, Hamburg 2001.

PRAUSE, J. (2005): Forschungskooperation im Mobile Business – Gemeinsam in die Zukunft, in: SAP Info, Nr. 126, 2005, Walldorf, S. 70-73.

RAUTENSTRAUCH, T. (2002): SCM-Integration in heterarchischen Unternehmensnetzwerken, in: BUSCH, A./DANGELMAIER, W. (Hrsg.): Integriertes Supply Chain Management – Theorie und Praxis effektiver unternehmensübergreifender Geschäftsprozesse, Wiesbaden 2002, S. 343-362.

REILLY, K. (2005): AMR Research Survey Finds 69% of Respondents Plan to Evaluate, Pilot, or Implement RFID in 2005, in AMR Research – Press Release, 20.07.2005, http://www.amrresearch.com/content/DisplayPDF.asp?pmillid=18470&strMasterType=, Abruf: 01.09.2005.

RIEPER, B./WITTE, T. (2001): Grundwissen Produktion – Produktions- und Kostentheorie, 4., neubearbeitete Auflae, Frankfurt am Main 2001.

ROTH, C. (2003): Warenverteilzentrum – Beleglos zum Geschmack, in: Logistik Heute, 25. Jg., Nr. 7-8, 2003, München, S. 54-55.

RÜGGEBERG, C. (2003): Supply Chain Management als Herausforderung für die Zukunft – Prozessorientierte Materialwirtschaft in KMU, Wiesbaden 2003.

SAP AG (2002): SAP Funktionen im Detail, mySAP Supply Chain Management – Lagerverwaltung mit mySAP™ Supply Chain Management, http://www.sap.com/germany/media/50060109.pdf, Abruf: 17.07.2005.

SAP AG (2003): SAP White Paper – SAP Auto-ID Infrastructure, 2003, http://www.worldinternetcenter.com/Publications/SAP_Auto-ID_final.pdf, Abruf: 20.07.2005.

SAP AG (2004): Documentation for SAP R/3 and R/3 Enterprise 4.70 SR1, 2004, http://help.sap.com/saphelp_47x200/helpdata/de/e1/8e51341a06084de10000009b38f83b/frameset.htm, Abruf: 10.08.2005.

SAP AG (2005a): SAP Auto-ID Infrastructure, http://help.sap.com/saphelp_autoid21/helpdata/de/index.htm, Abruf: 24.07.2005.

SAP AG (2005b): SAP Exchange Infrastructure, http://help.sap.com/saphelp_nw04/helpdata/de/0f/80243b4a66ae0ce10000000a11402f/frameset.htm, Abruf: 02.08.2005.

SAP AG (2005c): Fit für Kanban – Intel, SAP und Siemens Business Services zeigen gemeinsam Flagge, in: SAP Info Solutions, Nr. 5, 2005, Walldorf, S. 24.

SAUER, B. (2002): Mobile Supply Chain Management – Bewegte Zukunft, in: SAP Info, Nr. 90, 2002, Walldorf, S. 8-10.

SCHÄFER, U. (2005a): SAP Auto-ID Infrastructure - Mit RFID zur Real-World-Awareness (Teil 1), 13.06.2005, http://www.sap.info/public/de/search.php4/start/t/rfid/cat/0/1/2/3/4/5/6/page/0/article/Article-2938442932732186c0/de, Abruf:19.07.05.

SCHÄFER, U. (2005b): SAP Auto-ID Infrastructure – Mit RFID zur Real-World-Awareness (Teil 2), 13.06.2005, http://www.sap.info/public/de/search.php4/start/t/rfid/cat/0/1/2/3/4/5/6/page/0/article/Article-30579429330da1375c/de, Abruf:19.07.05.

SCHEER, A.-W./ANGELI, R. (2002): Management dynamischer Unternehmensnetzwerke, in: BUSCH, A./DANGELMAIER, W. (Hrsg.): Integriertes Supply Chain Management – Theorie und Praxis effektiver unternehmensübergreifender Geschäftsprozesse, Wiesbaden 2002, S. 364-384.

SCHEER, A.-W./FELD, T./GÖBL, M./HOFFMANN, M. (2001): Das Mobile Unternehmen, in: KEUPER, F. (Hrsg.): Strategic E-Business – Strategien, strategische Konzepte und Instrumente aus Sicht von Beratungsgesellschaften, Wiesbaden, 2001, S. 131-155.

SCHOBLICK, R./SCHOBLICK, G. (2005): RFID Radio Frequency Identification – Grundlagen, eingeführte Systeme, Einsatzbereiche, Datenschutz, Praktische Anwendungsbeispiele, Poing 2005.

SCHOCH, T./STRASSNER, M. (2003): Wie smarte Dinge Prozesse unterstützen, in: HMD – Praxis der Wirtschaftsinformatik, 40. Jg., Nr. 229, 2003, Heidelberg, S. 23-31.

SCHULTE, C. (2005): Logistik – Wege zur Optimierung der Supply Chain, 4., überarbeitete und erweiterte Auflage, München 2005.

SCHWINDT, K. (2004): Einsatz von Funketiketten in der Handelslogistik, in: HMD – Praxis der Wirtschaftsinformatik, 41. Jg., Nr. 235, 2004, Heidelberg, S. 53-56.

SIEPERMANN, C. (2004): wisu-Lexikon – Logistik, in: WISU das Wirtschaftsstudium, 33. Jg., Nr. 11, 2004, Düsseldorf, Beihefter.

SIMONOVICH, D./MALINKOVICH, V. (2003): Ubiquität entlang der betrieblichen Wertschöpfungskette, in: HMD – Praxis der Wirtschaftsinformatik, 40. Jg., Nr. 229, 2003, Heidelberg, S. 65-71.

SINGH, A./MARZOUK, D. (2005): Auf dem Prüfstand – RFID-Partner durchlaufen SAP-Qualifizierungsprozess, in: SAP Info Solutions, Nr. 5, 2005, Walldorf, S. 23.

SIRICO, L. (2005): Maximierung der Vorteile von RFID durch konsequenten Einsatz in Industrie und Handel an entscheidender Stelle, in: SAP Info, Nr. 129, Walldorf, 2005, S. 72-75.

SPRINGER, U. (2003): Interview mit Prof. Friedemann Mattern und Prof. Dr. Elgar Fleisch – Wenn der Eierkarton eine SMS schickt, in: SAP Info, Nr. 109, 2003, Walldorf, S. 18-21.

STEVENS, G. C. (1989): Integrating the Supply Chain, in: International Journal of Physical Distribution & Materials Management, Vol. 19, Nr. 8, 1989, Bradford, S. 3-8.

STEVEN, M./KRÜGER, R. (2004): Supply Chain Event Management für globale Logistikprozesse – Charakteristika, konzeptionelle Bestandteile und deren Umsetzung in Informationssysteme, in: SPENGLER, T./VOß, S./KOPFER, H. (Hrsg.): Logistik Management, Heidelberg 2004, S. 179-195.

STRASSNER, M./EISEN, S. (2005): Tracking von Ladungsträgern in der Logistik – Pilotinstallation bei einem Güterverladeterminal, in: FLEISCH, E./MATTERN, F. (Hrsg.): Das Internet der Dinge – Ubiquitous Computing und RFID in der Praxis, Berlin et al. 2005, S. 209-224.

STRASSNER, M./LAMPE, M./LEUTBECHER, U. (2005): Werkzeugmanagement in der Flugzeugwartung – Entwicklung eines Demonstrators mit ERP-Anbindung, in: FLEISCH, E./MATTERN, F. (Hrsg.): Das Internet der Dinge – Ubiquitous Computing und RFID in der Praxis, Berlin et al. 2005, S. 261-277.

STRASSNER, M./FLEISCH, E. (2003): The Promise of Auto-ID in the Automotive Industry, 01.02.2003, http://archive.epcglobalinc.org/publishedresearch/MLB-AUTOID-BC001.pdf, Abruf: 26.09.2005.

STRASSNER, M./FLEISCH, E. (2005): Innovationspotenziale von RFID für das Supply-Chain-Management, in: Wirtschaftsinformatik, 47. Jg., Nr. 1, 2005, Braunschweig et al., S. 45-54.

STRASSNER, M./PLENGE, C./STROH, S. (2005): Potenziale der RFID-Technologie für das Supply Chain Management der Automobilindustrie, in: FLEISCH, E./MATTERN, F. (Hrsg.): Das Internet der Dinge – Ubiquitous Computing und RFID in der Praxis, Berlin et al. 2005, S. 177-196.

SUCKY, E. (2004): Koordination in Supply Chains – Spieltheoretische Ansätze zur Ermittlung integrierter Bestell- und Produktionspolitiken, Wiesbaden 2004.

SÜRIE, C./WAGNER, M. (2005): Supply Chain Analysis, in: STADTLER, H./KILGER, C. (Hrsg.): Supply Chain Management and Advanced Planning – Concepts, Models, Software and Case Studies, Third Edition, Berlin et al. 2005, S. 37-63.

SUPPLY-CHAIN COUNCIL (2005a): Supply-Chain Operations Reference-Model – SCOR Version 7.0 Overview, 28.03.2005, http://www.supply-chain.org/galleries/default-file/SCOR%207.0%20Overview.pdf, Abruf: 15.08.2005.

SUPPLY-CHAIN COUNCIL (2005b): SCOR – Version 7.0 Reference Guide, 28.03.2005, http://www.supply-chain.org/galleries/default-file/SCOR%207.0%20Reference%20Guide.pdf, Abruf: 15.08.2005.

TELLKAMP, C. (2005): Finanzielle Bewertung von Ubiquitous-Computing-Anwendungen, in: FLEISCH, E./MATTERN, F. (Hrsg.): Das Internet der Dinge – Ubiquitous Computing und RFID in der Praxis, Berlin et al. 2005, S. 315-327.

TELLKAMP, C./HALLER, S. (2005): Automatische Produktidentifikation in der Supply Chain des Einzelhandels, in: FLEISCH, E./MATTERN, F. (Hrsg.): Das Internet der Dinge – Ubiquitous Computing und RFID in der Praxis, Berlin et al. 2005, S. 225-249.

TELLKAMP, C./QUIDE, U. (2005): Einsatz von RFID in der Bekleidungsindustrie – Ergebnisse eines Pilotprojekts von Kaufhof und Gerry Weber, in: FLEISCH, E./MATTERN, F. (Hrsg.): Das Internet der Dinge – Ubiquitous Computing und RFID in der Praxis, Berlin et al. 2005, S. 143-160.

TEUTEBERG, F. (2005): Realisierung ubiquitärer Supply Networks auf Basis von Auto-ID- und Agenten-Technologien – Evolution oder Revolution?, in: FERSTL, O. K./SINZ, E. J./ECKERT, S./ISSELHORST, T. (Hrsg.): Wirtschaftsinformatik 2005: eEconomy, eGovernment, eSociety; Physica-Verlag, Heidelberg 2005, S. 3-22.

TEUTEBERG, F./HILKER, J./KURBEL, K. (2003): Anwendungsschwerpunkte im Mobile Enterprise Resource Planning – State-of-the-Art und Entwicklungspotenziale, in: POUSTTCHI,

K./TUROWSKI, K. (Hrsg.): Mobile Commerce – Anwendungen und Perspektiven; Lecture Notes in Informatics (LNI), Volume P-25, Augsburg 2003, S. 12-26.

TEUTEBERG, F./SCHREBER, D. (2005): Mobile Computing and Auto-ID Technologies in Supply Chain Event Management – An Agent-Based Approach, http://131.173.161.105/eng/Downloads/ECISPaperTeu-Schr-rev.pdf; Abruf: 18.06.2005.

THIESSE, F. (2005): Architektur und Integration von RFID-Systemen, in: FLEISCH, E./MATTERN, F. (Hrsg.): Das Internet der Dinge – Ubiquitous Computing und RFID in der Praxis, Berlin et al. 2005, S. 101-117.

TSAY, A. A./NAHIMAS, S./AGRAWAL, N. (1999): Modeling Supply Chain Contracts: A Review, in: TAYUR, S./GANESHAN, R./MAGAZINE, M. (Hrsg.): Quantitative Models for Supply Chain Management, Boston 1999, S. 300-336.

VOGELL, K. (2005): Entwicklungsstand – 2. Management-Information zum Stand der RFID/EPC-Standardisierung und -Implementierung, (03)2005, http://www.gs1-germany.de/content/e39/e466/e468/datei/epc_rfid/mip_2_entwicklungsstand_gs1.pdf, Abruf: 01.09.2005.

WENGENROTH, K.-H./WERNER, H. (2001): Mit Supply Chain Management die vorhandenen Ressourcen optimal nutzen, in: SEBASTIAN, H.-J./GÜNTHER, T. (Hrsg.): Logistik Management – Supply Chain Management und e-Business, Stuttgart et al. 2001, S. 61-67.

WERNER, H. (2002): Supply Chain Management – Grundlagen, Strategien, Instrumente und Controlling, 2., vollständig überarbeitete und erweiterte Auflage, Wiesbaden 2002.

WIESER, O./LAUTERBACH, B. (2001): Supply Chain Event Management mit mySAP SCM (Supply Chain Management), in: HMD – Praxis der Wirtschaftsinformatik, 38. Jg., Nr. 219, 2001, Heidelberg, S. 65-71.

WILDEMANN, H. (1984): Flexible Werkstattsteuerung durch Integration von KANBAN-Prinzipien, München 1984.

WÖHRLE, T. (2002): Mini-Pack-Transponder – Packetfehler im Promillebereich, in: Logistik Heute, 24. Jg., Nr. 05, 2002, München, S. 70-71.

WÖLKER, M./HEIMANN, B. (2003): Sendungsverfolgung – Wie leistungsfähig kann Tracking und Tracing sein?, in: Logistik Heute, 25. Jg., Nr. 5, 2003, München, S. 28-30.

WOHLFAHRT, J. (2004): Akzeptanz und Wirkungen von Mobile-Business-Anwendungen, Hamburg, 2004.

WÜRGLER, A. (2004): Mobile Business für Manager – Das Geschäft, Zürich 2004.

ZÄPFEL, G. (2000): Supply Chain Management, in: BAUMGARTEN, H./WIENDAHL, H.-P./ZENTES, J. (Hrsg.): Logistik-Management, Berlin et al. 2000, S. 1-32.

Der Autor

Dirk Schmidt ist Berater bei der j&m Management Consulting AG in Mannheim und dort in den Bereichen Supply Chain Management und Adaptive Manufacturing tätig. Er studierte Betriebswirtschaftslehre mit den Schwerpunkten „Organisation und Wirtschaftsinformatik", „Management Support und Wirtschaftsinformatik" sowie „Controlling" an der Universität Osnabrück. Vor seiner Tätigkeit bei j&m arbeitete er zunächst als Kundenberater im Bankwesen und später als Entwickler bei einem modernen IT & Consulting-Dienstleister.

Abbildungsverzeichnis

Abbildung 1:	Treiber und Aktionsmuster der Vernetzung	16
Abbildung 2:	Beispiel einer Supply Chain	19
Abbildung 3:	SCM-Aufgaben	21
Abbildung 4:	Grundfunktionen und konzeptionelle Bestandteile des SCEM	24
Abbildung 5:	EPC Network des Auto-ID Center	36
Abbildung 6:	Electronic Product Code (96 Bit) im General-Identifier-Format	37
Abbildung 7:	PML Core Beispiel	38
Abbildung 8:	Intensität menschlicher Intervention in den verschiedenen Verfahren der Datenerfassung	41
Abbildung 9:	RFID-Middleware for Early Adopters	44
Abbildung 10:	RFID-Middleware for Future Scalable Deployments	45
Abbildung 11:	SAP Auto-ID Infrastructure – Systemarchitektur	46
Abbildung 12:	RFID-Lösungslandschaft	48
Abbildung 13:	Ebenen 1 und 2 des SCOR-Modells	56
Abbildung 14:	Prozessbeschreibung am Beispiel der Beschaffung in Anlehnung an SCOR	58
Abbildung 15:	Prozesselemente des Herstellungsprozesses	64
Abbildung 16:	Prozesselemente des Auslieferungsprozesses	71
Abbildung 17:	Dimensionen der Datenqualität	76
Abbildung 18:	RFID-Roll-Out-Strategien je Industriesegment (2004)	84
Abbildung 19:	Stand des RFID-Einsatzes (2005)	85
Abbildung 20:	Prozesse/Probleme, die durch RFID effizient gelöst/unterstützt werden	86
Abbildung 21:	Gewichtung von RFID-Anwendungen	87
Abbildung 22:	Erwartungen an die RFID-Technologie	88

Abbildung 23:	Stärken und Schwächen von Auto-ID-Technologien im Vergleich – Kosten-Nutzen-Verhältnis	92
Abbildung 24:	Preisobergrenze für passive RFID-Transponder	95
Abbildung 25:	Phasen und Arbeitsschritte der Business-Case-Erstellung	106
Abbildung 26:	Zahlungsflüsse der drei Szenarien	107
Abbildung 27:	Nutzenpotenziale von RFID	115
Abbildung 28:	Vermeidung der Kosten für Barcode-Druck	121
Abbildung 29:	Reduktion der Lohnkosten	121
Abbildung 30:	Bewertung immaterieller Nutzenpotenziale	122
Abbildung 31:	Prozessschritte im Kitting-Bereich	125
Abbildung 32:	Kumulierte diskontierte Cashflows	142
Abbildung 33:	Differenzierte Nutzenbetrachtung	142
Abbildung 34:	Isolierte NPV-Betrachtung des Kitting-Bahnhofes	143
Abbildung 35:	Darstellung der Installationspunkte der RFID-Lesegeräte im Kitting-Bereich	150

Tabellenverzeichnis

Tabelle 1:	Generationen mobiler Netze	25
Tabelle 2:	Verzeichnis der meistgenutzten Application Identifiers (AIs)	31
Tabelle 3:	Kenngrößen von RFID-Technologien	35
Tabelle 4:	Vergleich verschiedener Datenerfassungstechnologien	40
Tabelle 5:	RFID-Middleware – Bewertungskriterien	43
Tabelle 6:	Beschreibungsebenen des SCOR-Modells	55
Tabelle 7:	Zusammenfassung der Anwendungsszenarien – Beschaffung	77
Tabelle 8:	Zusammenfassung der Anwendungsszenarien – Herstellung	79
Tabelle 9:	Zusammenfassung der Anwendungsszenarien – Auslieferung	80
Tabelle 10:	RFID Roll-out Pläne	89
Tabelle 11:	Fördernde und hemmende Faktoren der RFID-Verbreitung	97
Tabelle 12:	RFID-Wirtschaftlichkeitsuntersuchungen von Accenture	103
Tabelle 13:	RFID-Wirtschaftlichkeitsuntersuchungen von IBM BCS	104
Tabelle 14:	Objekteigenschaften	108
Tabelle 15:	Einflussfaktoren bei der Technologieauswahl	109
Tabelle 16:	Anforderungen an RFID-Daten (Beispiele)	110
Tabelle 17:	Beispiele für einmalige Kosten	111
Tabelle 18:	Beispiele für laufende Kosten	112
Tabelle 19:	Schätzung der zukünftigen Kosten für RFID-Transponder	113
Tabelle 20:	Schwund im Einzelhandel nach Ländern/Regionen	116
Tabelle 21:	Objekteigenschaften – Kittingkisten und Rollpalette	129
Tabelle 22:	Einflussfaktoren bei der Technologieauswahl – Kitting-Bereich	130
Tabelle 23:	Anforderungen an RFID-Daten – Kitting-Bereich	131

Tabelle 24:	Beschreibung einmaliger Projektkosten – Kitting-Bereich	134
Tabelle 25:	Beschreibung laufender Projektkosten – Kitting-Bereich	134
Tabelle 26:	Einmalige Projektkosten – Kitting-Bereich	135
Tabelle 27:	Laufende Projektkosten – Kitting-Bereich	136
Tabelle 28:	Beschreibung einmaliger Nutzen – Kitting-Bereich	136
Tabelle 29:	Beschreibung laufender Nutzen – Kitting-Bereich	137
Tabelle 30:	Nutzenbewertung – Reduktion der Suchaktionen (Qualitätsprobleme)	138
Tabelle 31:	Nutzenbewertung – Reduktion von Suchaktionen (Priorität/Termine)	138
Tabelle 32:	Nutzenbewertung – Produktivitätssteigerung	139
Tabelle 33:	Nutzenbewertung – Vermeidung von Re-Investitionen in die Barcodetechnologie	139
Tabelle 34:	Wirtschaftlichkeitsberechnung – Kennzahlen	140
Tabelle 35:	Barcode Anwendungsstandards	147
Tabelle 36:	Studien zur Verbreitung von RFID	149
Tabelle 37:	Wirtschaftlichkeitsberechnung – Zahlungsströme	151

Abkürzungsverzeichnis

AII	Auto-ID Infrastructure
ALE	Application-Level-Events-Specifikation
APS	Advanced Planning System
Auto-ID	Automatische Identifikation
BCS	Business Consulting Service
BSI	Bundesamt für Sicherheit in der Informationstechnik
CNC	Computerized Numerical Control
DC	Device Controller
DESADV	Despatch Advice Message
DM	Device Management
EAN	European Article Number
ECR	Efficient Consumer Response
EDGE	Enhanced Data Rates for GSm Evolution
EDI	Electronic Data Interchange
EDIFACT	EDI For Administration, Commerce and Transport
EPC	Electronic Product Code
EPC IS	Electronic Product Code Information Service
EPK	Ereignisorientierte Prozesskette
ERP	Enterprise Resource Planning
FMCG	Fast Moving Consumer Goods
FSC	Fujitsu Siemens Computers GmbH
FTS	Fahrerlose Transportsysteme
GJ	Geschäftsjahr

GLN	Global Location Number
GPRS	General Packet Radio Service
GPS	Global Positioning System
GSM	Global System for Mobile Communications
GTIN	Global Trade Item Number
GUI	Graphical User Interface
HDD	Hard Disk Drive
HSCDS	High Speed Circuit Switched Data
HTTP	Hypertext Transfer Protocol
HTTPS	Hypertext Transfer Protocol Secure
IDoc	Intermediate Document
IEC	International Electronic Commission
IML	Institute für Materialfluss und Logistik
ISM	Industrial-Scientifical-Medical
ISO	International Organisation for Standardisation
IZT	Institut für Zukunftsstudien und Technologiebewertung
JIT	Just-In-Time
JTC1	Joint Technical Committee 1
KPM	Kaufteile-Portfolio-Matrix
LAN	Local Area Network
LVS	Lagerverwaltungssystem
MDE	Mobile Datenerfassung
MIT	Massachusetts Institute of Technology
MMS	Multimedia Messaging Service
MSCEM	Mobile Supply Chain Event Management
MSCM	Mobile Supply Chain Management
NVE	Nummer der Versandeinheit
OCR	Opitcal Character Recognition
ONS	Object Name Service

OOS	Out-Of-Stock
PML	Physical Markup Language
RECADV	Receiving Advice Message
RFID	Radio Frequency Identification
ROI	Return on Investement
RS	Recommended Standard
SAP	Systems, Applications and Products in Data Processing
SAP AII	SAP Auto-ID Infrastructure
SAP ERP	SAP Enterprise Resource Planing
SAP SCM	SAP Supply Chain Management
SAP XI	SAP Exchange Infrastructure
SC	Supply Chain
SCC	Supply Chain Configuration
SCE	Supply Chain Execution
SCEM	Supply Chain Event Management
SCM	Supply Chain Management
SCOR	Supply Chain Operations Reference
SCP	Supply Chain Planning
SMS	Short Message Service
SMTP	Simple Mail Transfer Protocol
SOAP	Simple Object Access Protocol
SSCC	Serial Shipping Container Code
T&T	Tracking & Tracing
UCC	Uniform Code Council
UMTS	Universal Mobile Telecommunications System
UPC	Universal Product Code
URL	Uniform Resource Locator
WAN	Wide Area Network
WAP	Wireless Application Protocol

Anmerkungen

1. Vgl. Fleisch, E. (2001a), S. 17 ff. und Picot, A./Reichwald, R./Wigand, R. (2003), S. 2 ff.
2. Vgl. Rautenstrauch, T. (2002), S. 345.
3. Vgl. Hahn, D. (2000), S. 12.
4. Vgl. Bretzke, W.-R./Stölzle, W./Karrer, M./Ploenes, P. (2002), S. 29.
5. Siehe hierzu Bretzke, W.-R./Stölzle, W./Karrer, M./Ploenes, P. (2002), S. 29 sowie Strassner, M./Fleisch, E. (2005), S. 45 und Göpfert, I. (2002), S. 36.
6. Bretzke, W.-R./Stölzle, W./Karrer, M./Ploenes, P. (2002), S. 29.
7. Siehe hierzu unter anderem Scheer, A.-W./Angeli, R. (2002), S. 365 und Böhnlein, C.-B. (2002), S. 1124 und Rüggeberg, C. (2003), S. 20: Der Bullwhip- oder Forrestereffekt bezeichnet das Phänomen, dass bei lokal begrenzten Informationen und Entscheidungen kleinere Nachfrageschwankungen der Endverbraucher entlang der Supply Chain zu steigenden Sicherheitsbeständen führen.
8. Nissen, V. (2002), S. 432.
9. Vgl. Rüggeberg, C. (2003), S. 76.
10. Fleisch, E. (2001a), S. 18.
11. Vgl. Sauer, B. (2002), S. 8 und Teuteberg, F./Schreber, D. (2005), S. 3.
12. Vgl. Fleisch, E./Christ, O. (2003), S. 45 und Bundesamt für Sicherheit in der Informationstechnik (2004), S. 18.
13. Vgl. Bundesamt für Sicherheit in der Informationstechnik (2004), S. 84.
14. Fleisch, E./Christ, O. (2003), S. 47.
15. Vgl. Rautenstrauch, T. (2002), S. 345.
16. Tsay, A.A./Nahimas, S./Agrawal, N. (1999), S. 301.
17. Vgl. Stevens, G.C. (1989), S. 3 und Christopher, M. (1998), S. 15.
18. Vgl. Busch, A./Dangelmaier, W. (2002), S. 4.
19. Siehe hierzu Cooper, M.C./Lambert, D.M./Pagh, J.D. (1997), S. 10: „... literature and practice indicate that there is not a consistent view of what SCM really is or should be."
20. Vgl. Werner, H. (2002), S. 4 f.
21. Vgl. Göpfert, I. (2002), S. 28 f.
22. Zitiert nach Corsten, H./Gössinger, R. (2001), S. 96.
23. In Anlehnung an Dangelmaier, W./Pape, U./Rüther, M. (2001), S. 1370. Die Abbildung von Dangelmaier, Pape und Rüther wurde um den „Geldmittelfluss" ergänzt.
24. Vgl. Tsay, A.A./Nahimas, S./Agrawal, N. (1999), S. 301 und Göpfert, I. (2002), S. 30.
25. Hahn, D. (2000), S. 12.

Anmerkungen

26 Vgl. Corsten, H./Gössinger, R. (2001), S. 85 sowie Hahn, D. (2000), S. 13 und Kaluza, B./Blecker, T. (2000), S. 124.
27 Vgl. hierzu Dangelmaier, W./Gajewski, T./Pape, U./Rüther, M. (2002), S. 554. Siehe auch Lambert, D.M./Cooper, M.C. (2000), S. 65: „One of the most significant paradigm shifts of modern business management is that individual business no longer compete as solely autonomous entities, but rather as supply chains."
28 Vgl. Wengenroth, K.-H./Werner, H. (2001), S. 62.
29 Vgl. Beckmann, H. (2004), S. 12 und Sucky, E. (2004), S. 22 f.
30 Vgl. Zäpfel, G. (2000), S. 4.
31 Vgl. Sucky, E. (2004), S. 23 f.
32 Christopher, M. (1998), S. 12 f.
33 Vgl. Beckmann, H. (2004), S. 5 sowie Dangelmaier, W./Pape, U./Rüther, H. (2004), S. 8 und Sucky, E. (2004), S. 26 ff.
34 Vgl. Rüggeberg, C. (2003), S. 71 ff. und Sucky, E. (2004), S. 26 ff. sowie Bretzke, W.-R./Stölzle, W./Karrer, M./Ploenes, P. (2002), S. 29 und Goetschalckx, M./Fleischmann, B. (2005), S. 117.
35 In Anlehnung an Sucky, E. (2004), S. 28.
36 Vgl. Karrer, M. (2003), S. 188 f.
37 Vgl. Karrer, M. (2003), S. 188 und Bretzke, W.-R./Stölzle, W./Karrer, M./Ploenes, P. (2002), S. 30 sowie Steven, M./Krüger, R. (2004), S. 179.
38 Vgl. Wieser, O./Lauterbach, B. (2001), S. 65 und Steven, M./Krüger, R. (2004), S. 181 sowie Bretzke, W.-R./Klett, M. (2004), S. 151.
39 Vgl. Wieser, O./Lauterbach, B. (2001), S. 65.
40 Vgl. Steven, M./Krüger, R. (2004), S. 179.
41 Vgl. Bretzke, W.-R./Stölzle, W./Karrer, M./Ploenes, P. (2002), S. 29 und Wieser, O./Lauterbach, B. (2001), S. 65 sowie Hellingrath, B./Laakmann, F./Nayabi, K. (2003), S. 113.
42 Nissen, V. (2002), S. 431.
43 Vgl. Nissen, V. (2002), S. 431.
44 Bretzke, W.-R./Stölzle, W./Karrer, M./Ploenes, P. (2002), S. 3.
45 Vgl. Karrer, M. (2003), S. 192 ff. und Steven, M./Krüger, R. (2004), S. 184 sowie Bretzke, W.-R./Stölzle, W./Karrer, M./Ploenes, P. (2002), S. 3 und S. 30.
46 Vgl. Bretzke, W.-R./Stölzle, W./Karrer, M./Ploenes, P. (2002), S. 3.
47 Bretzke, W.-R./Klett, M. (2004), S. 147.
48 Vgl. Bretzke, W.-R./Klett, M. (2004), S. 147 ff.
49 Vgl. Steven, M./Krüger, R. (2004), S. 181.
50 Vgl. Bretzke, W.-R./Klett, M. (2004), S. 148.
51 Vgl. Steven, M./Krüger, R. (2004), S. 183 ff.
52 Vgl. Karrer, M. (2003), S. 194 und Steven, M./Krüger, R. (2004), S. 184.
53 Vgl. Rüggeberg, C. (2003), S. 74 f. und Steven, M./Krüger, R. (2004), S. 184 f.
54 Vgl. Bretzke, W.-R./Stölzle, W./Karrer, M./Ploenes, P. (2002), S. 184 und Steven, M./Krüger, R. (2004), S. 184 f.
55 In Anlehnung an Steven, M./Krüger, R. (2004), S. 189. Die Abbildung bei Steven und Krüger beinhaltet neben den Grundfunktionen und konzeptionellen Bestandteilen zusätzlich die Kernaufgaben der Implementierung des SCEM.

56 Vgl. Sauer, B. (2002), S. 8 und Fleisch, E./Mattern, F./Österle, H. (2002), S. 3.
57 Hanhart, D./Legner, C./Österle, H. (2005), S. 46.
58 Vgl. Pfaff, D./Skiera, B. (2002), S. 25.
59 Vgl. Allag, A.C./Höß, O./Rosentahl, D./Spath, D./Weisbecker, A./Veir, M. (2005), S. 134 und Scheer, A.-W./Feld, T./Göbl, M./Hoffmann, M. (2001), S. 136 f.
60 Vgl. Wohlfahrt, J. (2004), S. 15 ff.; Krüger, R./Mellein, H. (2003), S. 16 und Scheer, A.-W./Feld, T./Göbl, M./Hoffmann, M. (2001), S. 135.
61 Vgl. Wohlfahrt, J. (2004), S. 18 und Allag, A.C./Höß, O./Rosentahl, D./Spath, D./Weisbecker, A./Veir, M. (2005), S. 134.
62 Vgl. Ennigrou, E. (2002), S. 246 f. und Scheer, A.-W./Feld, T./Göbl, M./Hoffmann, M. (2001), S. 137 ff. sowie Durlacher Research Ltd. (2001), S. 110.
63 Vgl. Scheer, A.-W./Feld, T./Göbl, M./Hoffmann, M. (2001), S. 138 f. und Teuteberg, F./Hilker, J./Kurbel, K. (2003), S. 14.
64 Vgl. Durlacher Research Ltd. (2001), S. 110 sowie Sauer, B. (2002), S. 8 und Teuteberg, F./Schreber, D. (2005), S. 3.
65 Vgl. Nagel, I. (2000), S. 46 ff. und SAP AG (2002), S. 7 sowie Roth, C. (2003), S, 54 f. und Neumann, P. (2003), S. 20 f.
66 Vgl. Mersinger, M./Klafft, M./Stallkamp, J. (2004), S. 48 ff. und Christ, O./Fleisch, E./Mattern, F. (2003), S. 15.
67 Vgl. Scheer, A.-W./Feld, T./Göbl, M./Hoffmann, M. (2001), S. 147; Durlacher Research Ltd. (2001), S. 111 und Würgler, A. (2004), S. 81 sowie Prause, J. (2005), S. 70 ff.; Ennigrou, E. (2002), S. 243 f. und Wölker, M./Heimann, B. (2003), S. 30.
68 Vgl. Durlacher Research Ltd. (2001), S. 111 und Würgler, A. (2004), S. 79 sowie Sauer, B. (2002), S. 10 und Ennigrou, E. (2002), S. 243 f.
69 Vgl. Füßler, A. (2001), S. 88 und Rüggeberg, C. (2003), S. 76.
70 Vgl. Bretzke, W.-R./Stölzle, W./Karrer, M./Ploenes, P. (2002), S. 12.
71 Vgl. Fleisch, E./Christ, O. (2003), S. 45.
72 Fleisch, E./Christ, O. (2003), S. 46.
73 Vgl. Fleisch, E./Christ, O. (2003), S. 46.
74 Bundesamt für Informationstechnik (2004), S. 22.
75 Vgl. Bretzke, W.-R./Stölzle, W./Karrer, M./Ploenes, P. (2002), S. 10.
76 Vgl. Christ, O./Fleisch, E./Mattern (2003), S. 6.
77 Vgl. Finkenzeller, K. (2002), S. 2 ff.: Finkenzeller klassifiziert Biometrische Verfahren, Chipkarten, Optical Character Recognition (OCR), Barcode-Systeme und Radio Frequency Identification (RFID) als die am weitesten verbreiteten Auto-ID Technologien.
78 Vgl. Bretzke, W.-R./Stölzle, W./Karrer, M./Ploenes, P. (2002), S. 10.
79 Vgl. Füßler, A. (2001), S. 93 und Schoch, T./Srassner, M. (2003), S. 23 sowie Hofmeyer, S. (2005), S. 5 und Bundesamt für Sicherheit in der Informationstechnik (2004), S. 84.
80 Vgl. Bretzke, W.-R./Stölzle, W./Karrer, M./Ploenes, P. (2002), S. 10; Finkenzeller, K. (2002), S. 3 f. sowie Jesse, R./Rosenbaum, O. (2000), S. 20.
81 Vgl. Pflaum, A. (2001), S. 34 und Budde, R. (1991), S. 12.
82 Vgl. Bretzke, W.-R./Stölzle, W./Karrer, M./Ploenes, P. (2002), S.10 und Jesse, R./Rosenbaum, O. (2000), S.20.

Anmerkungen

83 Vgl. Bretzke, W.-R./Stölzle, W./Karrer, M./Ploenes, P. (2002), S.10 sowie Finkenzeller, K. (2002), S. 2 f.
84 Vgl. Pflaum, A. (2001), S. 34.
85 Vgl. Bretzke, W.-R./Stölzle, W./Karrer, M./Ploenes, P. (2002), S.10.
86 Vgl. Pflaum, A. (2001), S. 33.
87 Bretzke, W.-R./Stölzle, W./Karrer, M./Ploenes, P. (2002), S.10.
88 Vgl. Jesse, R./Rosenbaum, O. (2000), S.28 f. und Budde (1991), 45 ff.
89 Vgl. Bretzke, W.-R./Stölzle, W./Karrer, M./Ploenes, P. (2002), S. 11.
90 Vgl. Jesse, R./Rosenbaum, O. (2000), S. 36.
91 Vgl. Bretzke, W.-R./Stölzle, W./Karrer, M./Ploenes, P. (2002), S. 14.
92 Vgl. Bretzke, W.-R./Stölzle, W./Karrer, M./Ploenes, P. (2002), S. 14 sowie Finkenzeller (2002), S. 3.
93 Vgl. Bretzke, W.-R./Stölzle, W./Karrer, M./Ploenes, P. (2002), S. 15.
94 Vgl. Jesse, R./Rosenbaum, O. (2000), S. 117.
95 Bretzke, W.-R./Stölzle, W./Karrer, M./Ploenes, P. (2002), S. 15.
96 Vgl. GS1 Ireland (2004), S. 6.
97 In Anlehnung an GS1 Ireland (2004), S. 6.
98 Bretzke, W.-R./Stölzle, W./Karrer, M./Ploenes, P. (2002), S. 15 f.
99 Vgl. Strassner, M./Fleisch, E. (2005), S. 45.
100 Vgl. Füßler, A. (2001), S. 93 und Schoch, T./Srassner, M. (2003), S. 23 sowie Hofmeyer, S. (2005), S. 5 und Glöckner, H.-H./Pieters, R./De Rooij, W. (2003), S. 56.
101 Vgl. Pflaum, A. (2001), S. 34.
102 Vgl. Durlacher Research Ltd. (2001), S. 111.
103 Vgl. Bundesamt für Sicherheit in der Informationstechnik (2004), S. 14.
104 Vgl. Mattern, F. (2005), S. 39 ff.
105 Vgl. Fleisch, E./Christ, O. (2003), S. 46 f.
106 Fleisch, E./Mattern, F./Österle, H. (2002), S. 2.
107 Vgl. Pfaff, D./Skiera, B. (2002), S. 26.
108 Vgl. Lampe, M./Flörkemeier, C./Haller, S. (2005), S. 70.
109 Vgl. Füßler, A. (2001), S. 94.
110 Vgl. Finkenzeller, K. (2002), S. 14 ff.
111 Vgl. Bundesamt für Sicherheit in der Informationstechnik (2004), S. 23 f.
112 Vgl. Finkenzeller, K. (2002), S. 319 f.
113 Vgl. Lampe, M./Flörkemeier, C./Haller, S. (2005), S. 74 ff.: Die Energieversorgung und Kommunikation der passiven Transponder erfolgt im Niedrig- und Hochfrequenzbereich mittels induktiver und in den Bereichen der Ultrahochfrequenzwelle und der Mikrowelle mittels elektromagnetischer Kopplung. Das vom Lesegerät erzeugte magnetische bzw. elektromagnetische Wechselfeld induziert an der Antennenspule des Transponders Spannung, die gleichgerichtet wird und als Energie zur Verfügung steht.
114 Vgl. Bundesamt für Sicherheit in der Informationstechnik (2004), S. 31 sowie Strassner, M./Fleisch, E. (2005), S. 46 und Lampe, M./Flörkemeier, C./Haller, S. (2005) , S. 73.
115 Vgl. Füßler, A. (2001), S. 94 ff. und Bundesamt für Sicherheit in der Informationstechnik (2004), S. 31 sowie Strassner, M./Fleisch, E. (2005), S. 46.

116 Vgl. Lampe, M./Flörkemeier, C./Haller, S. (2005), S. 81 f.

117 Vgl. Fleisch, E./Christ, O. (2003), S. 47 ff. und Finkenzelle, K. (2000), S. 273 f. sowie Bundesamt für Sicherheit in der Informationstechnik (2004), S. 88 f. und Thiesse, F. (2005), S. 113 f.

118 Vgl. Bundesamt für Sicherheit in der Informationstechnik (2004), S.34 ff.

119 Vgl. Bundesamt für Sicherheit in der Informationstechnik (2004), S. 35 f.: Beim transpondergesteuerten Aloha-Verfahren sendet das Lesegerät ein stets gleichlautendes Request-Kommando an die RFID-Transponder, sich mit ihrer ID-Nummer zu identifizieren. Jeder Transponder reagiert darauf mit einer individuell zeitlich verzögerten Antwort, sodass das Lesegerät die ID-Nummern mehr oder weniger überlagerungsfrei in verschiedenen Zeitfenstern erhält. Nach mehrmaligen Durchlaufen des Request-Zyklus (Sekundenbereich) hat das Lesegerät mit einer hohen Wahrscheinlichkeit alle Transponder erkannt. Bei einer Variation dieses Verfahren können die erkannten Tags vom Lesegerät stumm geschaltet werden um die Kollisionswahrscheinlichkeit bei weiteren Request-Zyklen zu verringern.

120 Vgl. Bundesamt für Sicherheit in der Informationstechnik (2004), S. 36 f.: Beim lesegerätgesteuerten Tree-Walking-Verfahren führt das Lesegerät eine deterministische Suche durch den Adressraum möglicher Identifikationsnummern aus. Beginnend an der höchsten Stelle der ID-Nummer, fordert das Lesegeräte alle Transponder auf ihre ID zu übertragen. Sobald zwei Transponder an einer i-ten Stelle in der Bitfolge gleichzeitig zwei verschiedene Bits senden, erweitert das Lesegerät seine Abfrage, indem es an der Stelle i eine Verzweigung des binären Adressbaumes auswählt und diese zunächst weiterverfolgt. Dieser Vorgang wird solange wiederholt bis nur noch ein einziger Transponder antwortet und keine weitere Kollision auftritt.

121 Vgl. Bundesamt für Sicherheit in der Informationstechnik (2004), S. 27 ff.

122 Bundesamt für Sicherheit in der Informationstechnik (2004), S. 27.

123 In Anlehnung an Bundesamt für Sicherheit in der Informationstechnik (2004), S. 29 und Lampe, M./Flörkemeier, C./Haller, S. (2005), S. 73 ff.

124 Flörkemeier, C. (2005), S. 87.

125 Vgl. Angeles, R. (2005), S. 54.

126 In Anlehnung an Teuteberg, F. (2005), S. 9

127 Vgl. Fleisch, E./Christ, O. (2005), S. 51 sowie Angeles, R. (2005), S. 54 f. und Flörkemeier, C. (2005), S. 88.

128 Vgl. Angeles, R. (2005), S. 55.

129 Flörkemeier, C. (2005), S. 91.

130 Vgl. Flörkemeier, C. (2005), S. 91.

131 Vgl. Flörkemeier, C. (2005), S. 91 f. und Bundesamt für Sicherheit in der Informationstechnik (2004), S. 40.

132 Vgl. Flörkemeier, C. (2005), S. 92 f.

133 Vgl. Angeles, R. (2005), S. 55 f. und Fleisch, E./Christ, O. (2005), S. 51.

134 Vgl. Angeles, R. (2005), S. 55 und Flörkemeier, C. (2005), S. 94 f. sowie Teuteberg, F. (2005), S. 8.

135 Flörkemeier, C. (2005), S. 95.

136 Vgl. Angeles, R. (2005), S. 55 und Flörkemeier, C. (2005), S. 94.

137 Vgl. Flörkemeier, C. (2005), S. 94.

138 Vgl. Strassner, M./Fleisch, E. (2005), S. 47.

139 Vgl. Bundesamt für Sicherheit in der Informationstechnik (2004), S. 91.

140 In Anlehnung an Finkenzeller, K. (2002), S. 8 und Bundesamt für Sicherheit in der Informationstechnik (2004), S. 29 sowie Strassner, M./Fleisch, E. (2005), S. 47.

Anmerkungen

141 Vgl. Schwindt, K. (2004), S. 54.
142 Fleisch, E./Christ, O. (2003), S. 54.
143 In Anlehnung an Fleisch, E. (2002), S. 129. Bei der Abbildung von Fleisch wird als zusätzliches Medium der Datenerfassung die Spracheingabe berücksichtigt, die hier jedoch außen vor bleibt. Ergänzt wurde die Abbildung durch die OCR.
144 Vgl. Leßmöllmann, C. (2004), S. 34 f.
145 Vgl. Bornhövd, C./Lin, T./Haller, S./Schaper, J. (2004), S. 1183, Strassner, M. Fleisch, E. (2005), S. 47 und Leßmöllmann, C. (2004), S. 34 f.
146 Vgl. Strassner, M./Fleisch, E. (2005), S. 46.
147 Leaver, S. (2004), S. 2.
148 Leaver, S. (2004), S. 6.
149 Vgl. Leaver, S. (2004), S. 7 ff.
150 Vgl. Leaver, S. (2004), S. 7.
151 Vgl. Leaver, S. (2004), S. 9 ff.
152 Vgl. Heinrich, C. (2005), S. 121 f. und Bornhövd, C./Lin, T./Haller, S./Schaper, J. (2004), S. 1182 sowie Fleisch, E. (2005), S. 8 und Leßmöllmann, C. (2004), S. 34.
153 SAP AG (2003), S. 6.
154 In Anlehnung an Intermec/SAP AG (2005), S. 9. In der Abbildung dieser Ausarbeitung werden die Funktionen „Protokollieren und Archivieren" nicht gesondert ausgewiesen, da sie dem Datenmanagement zugeordnet werden können.
155 Vgl. SAP AG (2005a) und Bornhövd, C./Lin, T./Haller, S./Schaper, J. (2004), S. 1185.
156 Objekte stellen in der AII eine physische Postition wie etwa eine Palette, eine Kiste, ein Produkt etc. dar.
157 Vgl. Schäfer, U. (2005b) sowie SAP AG (2005a) und Bornhövd, C./Lin, T./Haller, S./Schaper, J. (2004), S. 1185.
158 Vgl. SAP AG (2005a) und Bornhövd, C./Lin, T./Haller, S./Schaper, J. (2004), S. 1185.
159 Vgl. SAP AG (2005a).
160 Vgl. SAP AG (2005a); Bornhövd, C./Lin, T./Haller, S./Schaper, J. (2004), S. 1187; Singh, A./Marzouk, D. (2005), S. 23 und Schäfer, U. (2005a).
161 Vgl. Schäfer, U. (2005a) und Böhmer, R./Brück, M./Rees, J. (2005), S. 40 sowie Gann, C. (2005), S. 16.
162 In Anlehnung an Bornhövd, C./Lin, T./Haller, S./Schaper, J. (2004), S. 1183 und Singh, A./Marzouk, D. (2005), S. 23.
163 Schäfer, U. (2005a): „mySAP Enterprise Resource Planning stellt eine umfassende Lösung zur Abbildung von Finanzwesen, Personalwirtschaft, logistischen Geschäftsprozessen und Corporate Services sowie zur aktiven Kontrolle über die administrativen und operativen Geschäftsprozesse dar. Mit SAP NetWeaver als technologische Grundlage unterstützt mySAP ERP die Portal-Technologie, Business Intelligence und Knowledge Management sowie mobile Technologien. mySAP ERP bietet somit die Möglichkeit, größtmöglichen Nutzen aus bestehenden IT-Investitionen zu ziehen und Web-Services im ganzen Unternehmen einzusetzen."
164 Schäfer, U. (2005a): „mySAP Supply Chain Management (mySAP SCM) ist die Logistiklösung mit integriertem Mehrwert. Sie deckt alle Prozesse von der Planung bis zur Vernetzung der Logistikkette ab. Die Komplettlösung ist offen, integriert und von Grund auf für unternehmensübergreifendes E-Business konzipiert."

165 Schäfer, U. (2005a): „SOAP (Simple Object Access Protocol) ist ein Protokoll für den Zugriff auf Services übers Web mithilfe von XML. XML (eXtensible Markup Language) ist ein Datenformat für den strukturierten Datenaustausch im Web."

166 SAP AG, (2005a): „Ein IDoc (Intermediate Document) ist ein SAP-Standardformat für den elektronischen Datenaustausch zwischen den Systemen."

167 Vgl. Schäfer, U. (2005a), SAP AG, (2005b).

168 Vgl. hierzu und zu folgenden Ausführungen zum Device Controller Bornhövd, C./Lin, T./Haller, S./Schaper, J. (2004), S. 1184 und Singh, A./Marzouk, D. (2005), S. 23 sowie SAP AG, (2003), S. 23 f.

169 Vgl. Strassner, M./Fleisch, E. (2005), S. 51 f. und Tellkamp, C./Haller, S. (2005), S. 229.

170 Vgl. Tellkamp, C./Haller, S. (2005), S. 229.

171 Vgl. Supply Chain Council (2005a), S. 1: „The SCC was organized in 1996 by Pittiglio Rabin Todd & McGrath (PRTM) and AMR Research, and initially included 69 voluntary member companies. Council membership is now open to all companies and organizations interested in applying and advancing state-of-the-art supply-chain management systems and practices."

172 Vgl. Bretzke, W.-R./Stölzle, W./Karrer, M./Ploenes, P. (2002), S. 34 und Karrer, M. (2003), S. 195 f.

173 Sürie, C./Wagner, M. (2005), S. 41.

174 Vgl. Supply-Chain Council (2005a), S. 1 ff.

175 Vgl. zu der Auflistung der fünf Kernprozesse Supply-Chain Council (2005a), S. 4. Siehe auch Rüggeberg, C. (2003), S. 26 f. und Sürie, C./Wagner, M. (2005), S. 42 f.

176 Vgl. Supply-Chain Council (2005a), S. 6. Das hier beschriebene SCOR-Modell entspricht der Version 7.0.

177 Vgl. Supply-Chain Council (2005a), S. 9.

178 In Anlehnung an Supply-Chain Council (2005), S. 9.

179 Vgl. Supply-Chain Council (2005b), S. 3-7.

180 Vgl. Supply-Chain Council (2005a), S. 10.

181 Vgl. Supply-Chain Council (2005a), S. 12 und Geimer, H./Becker, T. (2000), S. 122.

182 Für den Fall, dass die unternehmensspezifische Prozessbeschreibung (ab Event Level IV) die einzelnen Aktivitäten in weitere Ebenen aufsplittert, lassen sich weitere Event Levels V, VI etc. bezeichnen.

183 Vgl. Bretzke, W.-R./Stölzle, W./Karrer, M./Ploenes, P. (2002), S.35 f. sowie Steven, M./Krüger, R. (2004), S. 186 f. und Karrer, M. (2003), S. 196.

184 Vgl. Hunewald, C. (2005), S. 60 ff.

185 Vgl. Supply-Chain Council (2005b), S. 3-7.

186 Vgl. Supply-Chain Council (2005b), S. 4.

187 Vgl. Accenture (2004), S. 4 f. und Figgener, O. (2005), S. 26.

188 Vgl. Supply-Chain Council (2005b), S. 4.

189 Vgl. Pflaum, A. (2001), S. 159 f.

190 Ausnahme bildet beispielsweise der Transport über Rohrleitungen.

191 Becker, J./Schütte, R. (2004), S. 343.

192 Vgl. Schulte, C. (2005), S. 333 f. und Ehrmann, H. (2001), S. 317 f. sowie Becker, J./Schütte, R. (2004), S. 330 f. und 343 f.

Anmerkungen

[193] Vgl. Strassner, M./Eisen, S. (2005), S. 215 f. und Bundesamt für Sicherheit in der Informationstechnik (2004), S. 87 sowie Schoblick, R/Schoblick, G. (2005), S. 165 f.

[194] Vgl. Simonovich, D./Malinkovich, V. (2003), S. 37 und Bundesamt für Sicherheit in der Informationstechnik (2004), S. 87.

[195] Vgl. SAP AG (2002), S. 11.

[196] Vgl. Angerer, A./Dittmann, L. (2003), S. 4 und Macke, L. (2005), S. 47 sowie Strassner, M./Plenge, C./Stroh, S. (2005), S. 183.

[197] Vgl. Macke, L. (2005), S. 46.

[198] Vgl. Becker, J./Schütte, R. (2004), S. 331 f. und Schulte, C. (2005), S. 333 f. sowie Ehrmann, H. (2001), S. 320 f.

[199] Vgl. Strassner, M./Fleisch, E. (2005), S. 50.

[200] Vgl. Ehrmann, H. (2001), S. 320-330.

[201] Vgl. Prause, J. (2005), S. 70; Thiesse, F. (2005), S. 113; Heinrich, C. (2005), S. 115; Schoch, T./Strassner, M. (2003), S. 28 und Mattern, F. (2005), S. 46 f.

[202] Hierbei muss es sich um RFID-taugliche MDE-Geräte handeln.

[203] Vgl. Mattern, F. (2005), S. 46 f.; Heinrich, C. (2005), S. 115 f. und 132 f. sowie Bundesamt für Sicherheit in der Informationstechnik (2004), S. 89.

[204] Wurden die Sensordaten nicht bereits vor dem Entladen ausgelesen, so geschieht diese ebenfalls beim Passieren der RFID-Schleuse.

[205] Vgl. Christ, O./Fleisch, E./Mattern, F. (2003), S. 4.

[206] Bei dem spanischen Lebensmittelhersteller Campofrio erhalten die Schinken zu Produktionsbeginn jeweils einen Mikrochip, der alle prozessrelevanten Daten wie Gewicht, Temperatur, Wasser- und Fettgehalt während der Reifzeit misst und sammelt. Vgl. hierzu Fleisch, E./Mattern, F./Billinger, S. (2003), S. 10.

[207] Vgl. Angeles, R. (2005), S. 57; Strassner, M./Fleisch, E. (2005), S. 50; Tellkamp, C./Haller, S. (2005), S. 230; Heinrich, C. (2005), S. 132 f.; Teuteberg, F. (2005), S. 9 und Tellkamp, C./Quide, U. (2005), S. 146.

[208] Vgl. Mayr, F. (2004), S. 32 und Becker, J./Schütte, R. (2004), S. 333 f.

[209] Beispielsweise erhält die britische Supermarktkette Sainbury in einem Pilotprojekt verderbliche Waren auf Mehrweg-Plastikpaletten, die mit einem RFID-Transponder gekennzeichnet wurden. Der Hersteller ordnet in einer zentralen Datenbank die Ware der Palette zu und schreibt zusätzlich das Haltbarkeitsdatum der Ware auf den Transponder. Im Wareneingang bei Sainbury werden diese Paletten durch eine RFID-Schleuse geschoben. Auf Basis der hinterlegten Informationen wird die Ware automatisch gebucht und ein Lagerplatz vorgeschlagen. Wenn später die Bestellung eines Supermarktes eintrifft, wird zuerst die Ware mit der kürzesten Resthaltbarkeit herausgegeben. Siehe hierzu Schoch, T./Strassner, M. (2003), S. 23.

[210] Vgl. Ehrmann, H. (2001), S. 349 ff. sowie SAP (2002), S. 5 und Becker, J./Schütte, R. (2004), S. 349 f.

[211] Die zur Navigation erforderlichen Daten zur Lokalisierung des Förderfahrzeuges könnten auch nach dem zuvor erläuterten Verfahren der Triangulation – zur Lokalisierung von LKWs und Ladungsträger auf dem Werksgelände – gesammelt werden.

[212] Vgl. Angeles R. (2005), S. 57 f. und Mayr, F. (2004), S. 32 f. und Bundesamt für Sicherheit in der Informationstechnik (2004), S. 87 f.

[213] Vgl. Wöhrle, T. (2002), S. 71.

214 Hier erfolgt das Identifizieren, Überprüfen und Bestätigen der Wareneinlagerung am Lagerplatz über RFID-Lesegeräte, die am Förderfahrzeug befestigt sind. Alternativ ließe sich auch jeder Lagerplatz mit einem RFID-Lesegerät ausstatten (Smart-Shelf). Vgl. Springer, U. (2003), S. 20.

215 Vgl. Jünemann, R./Schmidt, T. (2000), S. 45 ff.

216 Angerer, A./Dittmann, L. (2003), S. 4.

217 Vgl. Supply-Chain Council (2005b), S. 5.

218 Hier ist die interne Materialbereitstellung gemeint. Die externe Materialbereitstellung betrifft den Materialfluss vom Lieferanten zum Unternehmen. Vgl. Schulte, C. (2005), S. 447.

219 Siehe Dangelmaier, W. (2002), S. 150: „Material ist der Sammelbegriff für Rohstoffe, Werkstoffe, Halbzeuge, Hilfsstoffe, Betriebsstoffe, Teile und Gruppen, die zur Fertigung eines Erzeugnisses erforderlich sind (DIN2815)."

220 Vgl. Schulte, C. (2005), S. 447.

221 Vgl. Bullinger, H.-J./Lung, M.M. (1994), S. 19 ff.

222 Vgl. Arnold, D./Isermann, H./Kuhn, A./Tempelmeier, H. (2004), S. B3-93 f. und Wildemann, H. (1984), S. 33 ff. sowie SAP AG (2005c), S. 24.

223 Vgl. Strassner, M./Plenge, C./Stroh, S. (2005), S. 183 f. und Hockenberger, S. (2005), S. 15 sowie SAP AG (2005c), S. 24.

224 Vgl. hierzu und zu den folgenden Ausführungen zum Kanban-System bei Ford: Strassner, M./Plenge, C./Stroh, S. (2005), S. 183 f.

225 Vgl. Dangelmaier, W. (2002), S. 150.

226 Materialien werden zu den Verbrauchsfaktoren gezählt, wohingegen Werkzeuge den Potentialfaktoren zugeordnet sind. Für eine detaillierte Differenzierung siehe Dangelmaier, W. (2002), S. 150.

227 Vgl. Strassner, M./Lampe, M./Leutbecher, U. (2005), S. 261 ff. und Bundesamt für Sicherheit in der Informationstechnik (2004), S. 74.

228 Bundesamt für Sicherheit in der Informationstechnik (2004), S. 74.

229 Vgl. Bundesamt für Sicherheit in der Informationstechnik (2004), S. 74.

230 Vgl. Strassner, M./Lampe, M./Leutbecher, U. (2005), S. 269 f. und Bundesamt für Sicherheit in der Informationstechnik (2004), S. 74 f.

231 Vgl. Strassner, M./Plenge, C./Stroh, S. (2005), S. 190 und Strassner, M./Lampe, M./Leutbecher, U. (2005), S. 270 f. sowie Bundesamt für Sicherheit in der Informationstechnik (2004), S. 75.

232 Vgl. Strassner, M./Plenge, C./Stroh, S. (2005), S. 190 und Strassner, M./Lampe, M./Leutbecher, U. (2005), S. 273 sowie Bundesamt für Sicherheit in der Informationstechnik (2004), S. 74 f.

233 Vgl. Rieper, B./Witte, T. (2001), S. 23 ff.

234 Vgl. Pflaum, A. (2001), S. 147.

235 Vgl. Herzog, O./Rügge, I./Boronowsky, M./Nicolai, T. (2003), S. 27.

236 Vgl. Christ, O./Fleisch, E./Mattern, F. (2003), S. 3 und Angerer, A./Dittmann, L. (2003), S. 3.

237 Vgl. Strassner, M./Lampe, M./Leutbecher, U. (2005), S. 267 f. Herzog, O./Rügge, I./Boronowsky, M./Nicolai, T. (2003), S. 27 ff.

238 Vgl. Christ, O./Fleisch, E./Mattern, F. (2003), S. 4.

239 Vgl. Finkenzeller, K. (2002), S. 395 f.

240 Vgl. Strassner, M/Plenge, C./Stroh, S. (2005), S. 185 f. sowie Bundesamt für Sicherheit in der Informationstechnik (2004), S. 87.

241 Vgl. Strassner, M./Fleisch, E. (2005), S. 50.

Anmerkungen

242 Vgl. Strassner, M/Plenge, C./Stroh, S. (2005), S. 185 f. sowie Bundesamt für Sicherheit in der Informationstechnik (2004), S. 87.

243 Die dezentrale Speicherung der Daten auf dem Transponder birgt den Vorteil, dass die Daten unabhängig von der Datenbank verfügbar sind und die Produktion somit unabhängig von kurzen Ausfällen des Netzwerkes ist. Vgl. Pflaum, A. (2001), S. 148 und Strassner, M./Plenge, C./Stroh, S. (2005), S. 186.

244 Vgl. Pflaum, A. (2001), S. 147 f. und Strassner, M./Plenge, C./Stroh, S. (2005), S. 185 f. sowie Strassner, M./Fleisch, E. (2005), S. 50.

245 Vgl. Pflaum, A. (2001), S. 148.

246 Vgl. Strassner, M./Plenge, C./Stroh, S. (2005), S. 186 sowie Strassner, M./Fleisch, E. (2005), S. 50.

247 Vgl. Koh, R./Staake, T. (2005), S. 168 f.

248 Vgl. Strassner, M./Fleisch, E. (2005), S. 50 sowie Strassner, M./Plenge, C./Stroh, S. (2005), S. 187.

249 Vgl. Fleisch, E./Mattern, F./Billinger, S. (2003), S. 9 und Strassner, M./Plenge, C./Stroh, S. (2005), S. 186.

250 Vgl. Bundesamt für Sicherheit in der Informationstechnik (2004), S. 87.

251 Vgl. Jünemann, R./Schmidt, T. (2000), S. 11-40.

252 Vgl. Pflaum, A. (2001), S. 149 und Jünemann, R./Schmidt, T. (2000), S. 9.

253 Vgl. Strassner, M./Plenge, C./Stroh, S. (2005), S. 189 und Finkenzeller, K. (2002), S. 389 f. sowie Strassner, M./Eisen, S. (2005), S. 209.

254 Vgl. Bundesamt für Sicherheit in der Informationstechnik (2004), S. 81.

255 Vgl. Strassner, M. (2005), S. 210.

256 Vgl. Strassner, M./Plenge, C./Stroh, S. (2005), S. 189 und Strassner, M./Fleisch, E. (2005), S. 50 sowie Strassner, M./Plenge, C./Stroh, S. (2005), S. 189 f. und Strassner, M./Eisen, S. (2005), S. 209 ff.

257 Vgl. Strassner, M./Plenge, C./Stroh, S. (2005), S. 190 und Stassner, M./Eisen, S. (2005), S. 210 ff.

258 Vgl. Arnold, D./Isermann, H./Kuhn, A./Tempelmeier, H. (2004), S. C2-90 f. und Jünemann, R./Schmidt, T. (2000), S. 30 f. sowie Pflaum, A. (2001), S. 150.

259 Vgl. Christ, O./Fleisch, E./Mattern, F. (2003), S. 47.

260 Vgl. Kapitel „Aggregation und RFID".

261 Vgl. Pflaum, A. (2001), S. 149 f.

262 Vgl. Supply-Chain Council (2005b), S. 6.

263 Vgl. Supply-Chain Council (2005b), S. 6.

264 Vgl. Schulte, C. (2005), S. 246 sowie Siepermann, C. (2004), S.8 und Ehrmann, H. (2001), S. 352 f.

265 Vgl. Schulte, C. (2005), S. 251 ff. und Ehrmann, H. (2001), S. 353 ff. sowie Becker, J./Schütte, R. (2004), S. 457.

266 Vgl. Schulte, C. (2005), S. 257 f. und Ehrmann, H. (2001), S. 363 f.

267 Vgl. Kapitel „Beschaffen" sowie Angeles, R. (2005), S. 58.

268 Vgl. Pflaum, A. (2001), S. 151.

269 Vgl. Schulte, C. (2005), S. 481 und Pflaum, A. (2001), S. 157 f.

270 Vgl. Ehrmann, H. (2001), S. 359.

271 Vgl. Becker, J./Schütte, R. (2004), S. 463 f. und 473 f.

272 Vgl. Becker, J./Schütte, R. (2004), S. 475 f.

273 Becker, J./Schütte, R. (2004), S. 329.
274 Vgl. Becker, J./Schütte, R. (2004), S. 329.
275 Vgl. Kapitel „Beschaffen" sowie Christ, O./Fleisch, E./Mattern, F. (2003), S. 4 und S. 19.
276 Vgl. Bundesamt für Sicherheit in der Informationstechnik (2004), S. 87 f. und Christ, O./Fleisch, E./Mattern, F. (2003), S. 47 sowie Rüggeberg, C. (2003), S. 76.
277 Vgl. Pflaum, A. (2001), S. 158 ff. und Ehrmann, H. (2001), S. 190 f.
278 Vgl. Schoblick, R./Schoblick, G. (2005), S. 165 f. sowie Christ, O./Fleisch, E./Mattern, F. (2003), S. 18 und Angerer, A./Dittmann, L. (2003), S. 5.
279 Vgl. Kilger, C./Schneeweiss, L. (2005), S. 389 ff.; Schoblick, R./Schoblick, G. (2005), S. 165 f. und Bundesamt für Sicherheit in der Informationstechnik (2004), S. 88.
280 Vgl. Heinrich, C. (2005), S. 115 und Schoblick, R./Schoblick, G. (2005), S. 165 f. sowie Rüggeberg, C. (2003), S. 76.
281 Vgl. Schoblick, R./Schoblick, G. (2005), S. 165 f.
282 Vgl. Christ, O./Fleisch, E./Mattern, F. (2003), S. 18 und Angerer, A./Dittmann, L. (2003), S. 5.
283 Vgl. zu diesen Ausführungen Fleisch, E./Christ, O./Dierkes, M. (2005), S. 12 ff.
284 Vgl. Kapitel „Automatische Identifikation".
285 In Anlehnung an Fleisch, E./Christ, O./Dierkes, M. (2005), S. 16.
286 Vgl. LogicaCMG (2004), S. 6 f. und S. 53 ff.
287 Vgl. hierzu und zu folgenden Ausführungen zu der Studie Booz Allen Hamilton/Universität St. Gallen (2004), S. 2 ff.
288 In Anlehnung an Booz Allen Hamilton/Universität St. Gallen (2004), S. 3.
289 Vgl. Reilly, K. (2005), S. 1 sowie O' Connor, M.C. (2005), S. 1.
290 In Anlehnung an Reilly, K. (2005), S. 1.
291 Vgl. Logistik für Unternehmen (2005), S. 23. Vorläufiges Ergebnis der März/April-Befragung.
292 In Anlehnung an Logistik für Unternehmen (2005), S. 22.
293 Vgl. Accenture (2004), S. 4 f.
294 In Anlehnung an Accenture (2004), S. 4 f.
295 In Anlehnung an Figgener, O. (2005), S. 26.
296 Vgl. Booz Allen Hamilton/Universität St. Galen (2004), S. 5.
297 In Anlehnung an Vogell, K. (2005), S. 7.
298 EU-Vorschrift 1935/2004, Art. 18.
299 Vgl. Bundesamt für Sicherheit in der Informationstechnik (2004), S. 95.
300 Strassner, M./Fleisch, E. (2005), S. 50 und Bundesamt für Sicherheit in der Informationstechnik (2004), S. 95.
301 Vgl. Bundesamt für Sicherheit in der Informationstechnik (2004), S. 90 ff.
302 Bundesamt für Sicherheit in der Informationstechnik (2004), S. 92.
303 In Anlehnung an Bundesamt für Sicherheit in der Informationstechnik, S. 93.
304 Vgl. Lampe, M./Flörkemeier, C./Haller, S. (2005), S. 79 ff.
305 Vgl. Bundesamt für Sicherheit in der Informationstechnik (2004), S. 100.
306 Vgl. Figgener, O. (2005), S. 26 f.
307 Booz Allen Hamilton/Universität St. Gallen (2005), S. 9.

Anmerkungen

308 Vgl. Lampe, M./Flörkemeier, C./Haller, S. (2005), S. 82.
309 Vgl. Kapitel „Derzeitige Entwicklung".
310 Vgl. Reilly, K. (2005), S. 1 sowie O' Connor, M.C. (2005), S. 1.
311 Vgl. Bundesamt für Sicherheit in der Informationstechnik (2004), S. 30 und Figgener, O. (2005), S. 27.
312 Vgl. Strassner, M./Fleisch, E. (2005), S. 47 und O' Connor, M.C. (2005), S. 1.
313 Vgl. Kapitel „Derzeitige Entwickllung".
314 Reilly, K. (2005), S. 1.
315 Vgl. Strassner, M./Fleisch, E. (2005), S. 47.
316 Vgl. Fraunhofer Institut Materialfluss und Logistik (2004), S. 7.
317 Vgl. Figgener, O. (2005), S. 27 und Lampe, M./Flörkemeier, C./Haller, S. (2005), S. 82.
318 In Anlehnung an Fraunhofer Institut Materialfluss und Logistik (2004), S. 7.
319 Vgl. Tellkamp, C./Haller, S. (2005), S. 244.
320 Vgl. Betge, P. (2000), S. 5 und Tellkamp, C. (2005), S. 315.
321 Vgl. hierzu und zu folgenden Ausführungen zu den drei Herausforderungen Tellkamp, C. (2005), S. 315 f.
322 Vgl. Tellkamp, C. (2005), S. 315.
323 Vgl. Chappel, G./Ginsburg, L./Schmidt, P./Smith, J./Tobolski, J. (2003).
324 Vgl. Chappel, G./Ginsburg, L./Schmidt, P./Smith, J./Tobolski, J. (2002).
325 Vgl. Boushka, M./Ginsburg, L./Haberstroh, J./Haffey, T./Richard, J./Tobolski, J. (2003).
326 Vgl. Chappel, G./Durdan, D./Gilbert, G./Ginsburg, L./Smith, J./Tobolski, J. (2002).
327 Vgl. Chappel, G./Durdan, D./Gilbert, G./Ginsburg, L./Smith, J./Tobolski, J. (2003).
328 Vgl. Alexander, K./Birkhofer, G./Gramling, K./Kleinberger, H./Leng, S./ Moogimane, D./Woods, M. (2002).
329 Vgl. Alexander, K./Gilliam T./Gramling, K./Kindy, M./Moogmimane, D./Schultz, M./ Woods, M. (2002).
330 Vgl. Alexander, K./Gilliam, T./Gramling, K./Grubelic, C./Kleinberger, H./Leng, S./ Moogimane, D./Sheedy, C. (2002a).
331 Vgl. Alexander, K./Gilliam, T./Gramling, K./Grubelic, C./Kleinberger, H./Leng, S./Moogimane, D./Sheedy, C. (2002b).
332 Brugger, R. (2005), S. 13.
333 Vgl. Brugger, R. (2005), S. 46.
334 Vgl. Brugger, R. (2005), S. 41.
335 Vgl. Brugger, R. (2005), S. 40-49 und 341 f. sowie Tellkamp, C. (2005), S. 317 f.
336 Vgl. Brugger, R. (2005), S. 40-48.
337 Brugger, R. (2005), S. 341.
338 Für eine detaillierte Beschreibung der verschiedenen Rechenverfahren in einer Wirtschaftlichkeitsanalyse siehe: Brugger, R. (2005), S. 179-225.
339 Vgl. Betge, P. (2000), S. 33 und Brugger, R. (2005), S. 125 ff.
340 Vgl. Brugger, R. (2005), S. 129 f.
341 In Anlehnung an Tellkamp, C. (2005), S. 318.
342 Vgl. Brugger, R. (2005), S. 51 ff.

343 Vgl. hierzu und zu folgenden Anmerkungen zu den RFID-spezifischen Aufgaben Gross, S./Thiesse, F. (2005), S. 308 ff.

344 Vgl. Gross, S./Thiesse, F. (2005), S. 308.

345 Gross, S./Thiesse, F. (2005), S. 308.

346 Vgl. Gross, S./Thiesse, F. (2005), S. 308 f.

347 Vgl. Gross, S./Thiesse, F. (2005), S. 309.

348 Vgl. Gross, S./Thiesse, F. (2005), S. 310.

349 Gross, S./Thiesse, F. (2005), S. 310.

350 In Anlehnung an Brugger, C. (2005), S. 70 ff. Siehe hierzu auch Chappell, G./Ginsburg, L./Schmidt, P./Smith, J./Tobolski, J. (2002), S. 21 ff.

351 Vgl. Brugger, C. (2005), S. 72.

352 In Anlehnung an Brugger, C. (2005), S. 73.

353 Vgl. Brugger, C. (2005), S. 72.

354 Vgl. Kapitel „Vorliegende Wirtschaftlichkeitsuntersuchungen".

355 Vgl. Kapitel „Beschaffen", „Herstellen" und „Liefern".

356 Vgl. Chappel, G./Durdan, D./Gilbert, G./Ginsburg, L./Smith, J./Tobolski, J. (2002), S. 9.

357 Vgl. Angeles, R. (2005), S. 54.

358 Vgl. Alexander, K./Gilliam T./Gramling, K./Kindy, M./Moogmimane, D./Schultz, M./Woods, M. (2002), S. 15.

359 Vgl. Brugger, R. (2005), S. 97.

360 Vgl. Alexander, K./Gilliam, T./Gramling, K./Grubelic, C./Kleinberger, H./Leng, S./Moogimane, D./Sheedy, C. (2002a), S. 15.

361 Vgl. Alexander, K./Gilliam, T./Gramling, K./Grubelic, C./Kleinberger, H./Leng, S./Moogimane, D./Sheedy, C. (2002a), S. 18 ff.

362 In Anlehnung an Alexander, K./Gilliam, T./Gramling, K./Grubelic, C./Kleinberger, H./Leng, S./Moogimane, D./Sheedy, C. (2002a), S. 17.

363 Vgl. Chappel, G./Ginsburg, L./Schmidt, P./Smith, J./Tobolski, J. (2002), S. 5.

364 Vgl. Strassner, M./Plenge, M./Stroh, S. (2005), S. 182.

365 Vgl. Strassner, M./Plenge, M./Stroh, S. (2005), S. 182 f. und Tellkamp, C./Haller, S. (2005), S. 230 f.

366 Vgl. Chappel, G./Ginsburg, L./Schmidt, P./Smith, J./Tobolski, J. (2002), S. 8.

367 Vgl. Fleisch, E./Christ, O. (2003), S. 47.

368 Vgl. Chappel, G./Ginsburg, L./Schmidt, P./Smith, J./Tobolski, J. (2002), S. 12-14.

369 Vgl. Strassner, M./Plenge, C./Stroh, S. (2005), S. 187 f.

370 Vgl. Boushka, M./Ginsburg, L./Haberstroh, J./Haffey, T./Richard, J./Tobolski, J. (2002), S. 13 und Angerer, A./Dittmann, L. (2003), S. 6.

371 Vgl. *LogicaCMG* (2004), S. 40 und SAP AG (2003), S. 16.

372 Vgl. Hofmeyer, S. (2003), S. 50.

373 Vgl. Alexander, K./Birkhofer, G./Gramling, K./Kleinberger, H./Leng, S./Moogimane, D./Woods, M. (2002), S. 12 f.

374 Vgl. Strassner, M./Fleisch, E. (2003), S. 9 f.

375 Vgl. Goodman, P.S. (2002), S. A01.

376 Vgl. Strassner, M./Fleisch, E. (2003), S. 10.

Anmerkungen

[377] Vgl. Angerer, A./Dittmann, L. (2003), S. 4 und Fleisch, E. (2001), S. 186.

[378] Vgl. Angerer, A./Dittmann, L. (2003), S. 4 und Fleisch, E. (2001), S. 186.

[379] Vgl. Alexander, K./Birkhofer, G./Gramling, K./Kleinberger, H./Leng, S./Moogimane, D./Woods, M. (2002), S. 12 f.

[380] Vgl. Abbildung 27.

[381] Vgl. Brugger, C. (2005), S. 87.

[382] Vgl. Brugger, C. (2005), S. 87 f.

[383] Vgl. Brugger, R. (2005), S. 88.

[384] Vgl. Brugger, R. (2005), S. 89.

[385] Vgl. Tellkamp, C. (2005), S. 319.

[386] Vgl. Kaplan, R.S. (1986), S. 92 f.

[387] In Anlehnung an Tellkamp, C. (2005), S. 323.

[388] Die Ausführungen in diesem Kapitel basieren auf Informationen, die in der Zeit vom 12.10.2005 bis 11.11.2005 im Fujitsu Siemens Computers Werk Augsburg in Form von Betriebsbegehungen, Interviews mit Mitarbeitern und Recherche unternehmensinterner Dokumente gesammelt wurden.

[389] Pick-by-Light bezeichnet ein belegloses Kommissionier-Verfahren, das dem Kommissionierer über optische Signale mitteilt, welche Menge von welchem Zugriffsplatz entnommen werden soll. Siehe hierzu Arnold, D./Isermann, H./Kuhn, A./Tempelmeier, H. (2004), S. B2.71 f.

[390] Vgl. Kapitel „Bewertungsvorschlag".

[391] Vgl. Brugger, R. (2005), S. 195-213 und Betge, P. (2000), S. 42-75.

[392] Vgl. Betge, P. (2000), S. 43.

[393] Vgl. Brugger, R. (2005), S. 195 ff. und Betge, P. (2000), S. 44.

[394] Vgl. Betge, P. (2000), S. 53 f. und Brugger, C. (2005), S. 199 ff.

[395] Bretzke, W.-R./Stölzle, W./Karrer, M./Ploenes, P. (2002), S. 14.

Recht in der Unternehmenspraxis

Kompaktes und umfassendes Steuer-Wissen für Entscheider

Das Buch dient der Verbesserung von Entscheidungen ebenso wie der Vorbereitung der strategischen Gespräche mit dem Steuerberater und steigert die Effizienz der Ergebnisse. Mit vielen Mustern, Checklisten und Formularen.

Lothar Th. Jasper
Steuerrecht in der Unternehmenspraxis
Was Geschäftsführer und Manager wissen müssen
2005. 296 S. Br.
EUR 44,90
ISBN 3-409-12587-6

Rechtswissen für Angestellte in eigener Sache

Anhand von Fallbeispielen behandeln Jutta Glock und Christoph Abeln alle arbeitsrechtlichen Fragen bei Managern und Führungskräften vom Beginn ihrer Tätigkeit bis zu deren Beendigung. Die Rechtsprechung wird mit herangezogen.

Abeln, Christoph / Glock, Jutta
Arbeitsrecht – Ein Leitfaden für leitende Angestellte in eigener Sache
2006. Ca. 240 S. Br.
Ca. EUR 39,90
ISBN 3-8349-0200-4

Kompaktes und umfassendes Rechtswissen für Entscheider

Der Autor behandelt alle rechtlichen Fragen im Zusammenhang mit der Erteilung von Vollmachten (Handlungsvollmacht, Generalvollmacht und Prokura). Seine Darstellung ist komprimiert und praxisbezogen. Die Gesellschaftsform Limited ist berücksichtigt.

Alexander Schneider
Vollmachten im Unternehmen
Handlungsvollmacht, Generalvollmacht und Prokura
2005. 200 S. Br.
EUR 37,90
ISBN 3-8349-0049-4

Änderungen vorbehalten. Stand: Januar 2006.
Erhältlich im Buchhandel oder beim Verlag.

Gabler Verlag · Abraham-Lincoln-Str. 46 · 65189 Wiesbaden · www.gabler.de

GABLER

Mitarbeiter erfolgreich führen

Leitfaden für effektive und effiziente Mitarbeitergespräche

Dieser Leitfaden ist eine große Praxishilfe für alle Vorgesetzten, die ihre Mitarbeiter informieren und beurteilen müssen. Im Anhang werden schwierige Mitarbeiterfälle in ihrer arbeitsrechtlichen Bedeutung analysiert und optimale Vorgehensweisen vorgeschlagen. Weitere Formblätter/Vordrucke und Hinweise für alle Arten von Mitarbeitergesprächen.

Josef M Fersch
Erfolgsorientierte Gesprächsführung
Leitfaden für effektive und effiziente Mitarbeitergespräche. Mit Beispielen und Formblättern
2005. 254 S. Br.
EUR 39,90
ISBN 3-409-14266-5

Mehr Motivation durch Zielvereinbarungen

Der bewährte kompakte Leitfaden mit vielen Checklisten, Tipps und aktuellen Informationsquellen. Jetzt in der 3. Auflage mit weiteren Beispielen.

Eckhard Eyer /
Thomas Haussmann
Zielvereinbarung und variable Vergütung
Ein praktischer Leitfaden – nicht nur für Führungskräfte
3., erw. Aufl. 2005. 180 S. Br.
EUR 37,90
ISBN 3-409-31682-5

Worauf es beim Führen wirklich ankommt

Was zeichnet gute Führung aus? Welche Führungsansätze sind wichtig und praxisnah? Daniel F. Pinnow, Geschäftsführer der renommierten Akademie für Führungskräfte, zeigt in diesem Kompendium, worauf es wirklich ankommt.

Daniel F. Pinnow
Führen
Worauf es wirklich ankommt
2005. 360 S. Geb.
EUR 39,90
ISBN 3-8349-0016-8

Änderungen vorbehalten. Stand: Januar 2006.
Erhältlich im Buchhandel oder beim Verlag.

Gabler Verlag · Abraham-Lincoln-Str. 46 · 65189 Wiesbaden · www.gabler.de

Managementwissen: kompetent, kritisch, kreativ

Das Grundlagenwerk der Unternehmenskommunikation!

Das „Handbuch Unternehmenskommunikation" stellt auf aktuellem Stand dar, wie Kommunikation zum wirtschaftlichen Erfolg beiträgt. Namhafte Autoren zeigen, wie PR, interne Kommunikation und Marktkommunikation die Führung unterstützen, Reputation steigern und immaterielle Werte schaffen.

Manfred Piwinger /
Ansgar Zerfaß (Hrsg.)
Handbuch Unternehmenskommunikation
2006. Ca. 800 S. Geb.
Ca. EUR 129,00
ISBN 3-409-14344-0

Die 25 wichtigsten Bücher zum Thema „Erfolg"!

Dieses Buch bringt 25 der wichtigsten Werke der „Erfolgsliteratur" auf den Punkt. Es skizziert die Inhalte, fixiert die Kerngedanken und bietet dem Leser damit eine Abkürzung zu den essentiellen Prinzipien für ein glückliches und erfolgreiches Leben.

Cornelius Boersch /
Friedrich von Diest (Hrsg.)
Das Summa Summarum des Erfolgs
Die 25 wichtigsten Werke für Motivation, Effektivität und persönlichen Erfolg
2006. 400 S. Geb.
EUR 34,90
ISBN 3-8349-0206-3

Konstruktiv mit Konflikten umgehen

Das Standardwerk zu Konfliktmanagement - jetzt in der 7. Auflage mit aufschlussreichen Ergänzungen und neuen Beispielen. Eine spannende und inspirierende Lektüre.

Gerhard Schwarz
Konfliktmanagement
Konflikte erkennen, analysieren, lösen
7. Aufl. 2005. 416 S. Geb.
EUR 49,90
ISBN 3-409-79605-3

Änderungen vorbehalten. Stand: Januar 2006.
Erhältlich im Buchhandel oder beim Verlag.

Gabler Verlag · Abraham-Lincoln-Str. 46 · 65189 Wiesbaden · www.gabler.de